经典传家

经典回到生活　阅读从心开始

经典传家

『经典传家』丛书遴选了清代《四库全书》的精华，而且每一种书在注释、译文、解读等方面做了大量的、扎实的工作。

——傅璇琮

国学就是中国人的学问。『经典传家』是一套非常适合大众阅读的国学经典丛书。国学的传承和发展迫切需要好的大众读本。

——毛佩琦

《四库全书》浩如烟海，真正的必读经典就这百余部。

——任德山

国学是相互通融的，切忌断章或是割裂。今人只有从《周易》等原始经典入手，才能真正找到进入国学的门径。

——刘君祖

经典传家系列丛书

图解

三字经·百家姓·千字文

王应麟 周兴嗣 等 著

崇贤书院 释译

黄山书社

《三字经·百家姓·千字文》阅读指南

挖掘蒙学的当今价值

从译文、注释、读解心得等各个方面入手，用独特的视角与今天的标准，重新来解读古老的蒙学读物。

图文并茂延伸文章意境

通过精美版画来延伸文章的意义。让读者在品读文章的同时，还能够结合插图，加深印象，收到双重的审美效果。

译文

- 服从并忠实原文。
- 准确地表达文章的含义。
- 生动、传神，尽量贴合文章的风格和特色。

精美古版画

- 近二百幅古人原创版画。
- 精挑细选，清晰优美。
- 营造阅读氛围，拓展想象空间。

三字经

[译文]

汉代的朱买臣一边砍柴一边读书，隋代的李密一边放牛一边读书。他们虽然很劳累，但仍然发奋苦读。

[原文]

苏老泉，二十七，始发愤，读书籍。

[译文]

宋朝的苏洵号老泉，直到二十七岁时才开始发奋读书，后来成为有名的文学家。

苏洵

[原文]

彼既老，犹悔迟。尔小生，宜早思。

[译文]

苏洵年事已高时，尚且悔恨自己年幼时不知读书学习，因而奋发补救。你们这些小孩子，应当趁早努力读书，用心思考问题。

[原文]

苦梁灏，八十二，对大廷，魁多士。

[译文]

宋人梁灏在八十二岁高龄时，在朝廷进行的进士考试中，战胜了所有的考试者，夺取了状元。（梁灏在历史上没有活到82岁便去世了，与史实不符。）

[原文]

彼既成，众称异，尔小生，宜立志。

[译文]

梁灏八十二岁中状元夺魁，众人都称赞这是一件了不起的奇事。你们

〇二〇

《三字经·百家姓·千字文》阅读指南

解释品读再现文章韵味

设有原文、注释、译文等辅助性栏目，全面立体地解读经典，帮助读者准确把握蒙学的精髓，体悟其蕴涵。

标注拼音便于读者阅读

为生僻字、古今异音字标注读音，最大程度地方便读者阅读，使此书成为较好的蒙学普及本。

这些小孩子，应当从小立定志向，因为“有志者，事竟成”。

［原文］

莹八岁，能咏诗。泌七岁，能赋棋。

［译文］

北魏人祖莹八岁时就能咏诗成章，唐朝人李泌七岁时就能按皇帝的要求当场吟出写棋的诗句。

［原文］

彼颖悟，人称奇。尔幼学，当效之。

［译文］

祖莹和李泌如此聪颖，人们都称奇、欣羡。你们这些年幼的学生，应当以他们为学习的榜样，用心读书，发奋向上。

［原文］

蔡文姬，能辨琴。谢道韫，能咏吟。

［译文］

汉代的蔡文姬博学有才，精通音律。晋代女子谢道韫，幼时曾吟出描绘大雪的绝妙诗句。

［原文］

彼女子，且聪敏，尔男子，当自警。

［译文］

蔡文姬和谢道韫都是女子，尚且如此聪慧，你们作为男子汉，更应当以她们为榜样警醒自己。

文姬归汉

东汉末年，中原战乱。名儒蔡邕的女儿蔡文姬流落在乱军流民之中，被南匈奴的左贤王拯救。继而，蔡文姬与左贤王成婚，生下一儿一女。尽管如此，蔡文姬无时无刻不在思念故土，怀念含冤死去的父亲。12年后，曹操平定了中原。为了在文治声教上做一番事业，曹操特派蔡文姬的表弟董祀与周进一同出使匈奴赎回蔡文姬，以使其继其父之业，续修《汉书》。

三字经

〇二一

选字注音

- 将生僻字单独标注拼音。
- 将古今读音相异的字单独注出读音。
- 重复出现的生僻字词反复标注。

古版画名称、说明

- 古版画的名称。
- 叙述与正文相关的故事内容。
- 由正文引出的感慨与得到的启发。

总 序

国学是什么？简单说，就是中国人之所以成为中国人的学问。因此，国学不仅包括数千年积累流传下来的经典，比如“四书五经”、《老子》《庄子》《孙子》《史记》《汉书》、唐诗、宋词，也包含研究中国人思维方式、生活方式、行为方式乃至娱乐方式的各种学问。广言之，国学研究的对象不仅包括文献，也包括实物；不仅包括物质文化遗产，也包括非物质文化遗产，如我国各民族的建筑、服饰、饮食、音乐、绘画、医药、戏曲等等。

国学是不断丰富、不断发展的学问。上面说的从“四书五经”到唐诗、宋词就是一个不断丰富发展的过程。近代以来，国学的研究范围还在不断地扩大，比如敦煌学、甲骨学，是随着有关文物的出土而兴起的；比如红学，是随着文学理论和学术风气的发展变化而兴起和发展的。随着时间的推移和学术的进步，必将有更多的学问被纳入国学研究的范围。

数千年来，中国人做学问形成了自己独特的理论和方法，比如思想理论、史学理论、文学理论，以及训诂学、考据学、音韵学等等。但这些理论和方法并不是一成不变的。比如，在史学研究领域，由于地下文物的出土，王国维等人提出了以地下文物与传世文献相补充互证的“二重证据法”。近代以来，西风劲吹。国人主动借鉴西方学术研究的理论和方法，研究中国学问。王国维借鉴尼采的哲学理论研究中国的文学戏剧，胡适以杜威的实验主义研究中国的“国故”。国学从来没有拒绝外国学问的融合，佛教传入中国后，经过改造，形成了中国独特的佛学、因明学；自明朝末年西学传入中国后，中国的天文学、数学等就已经融入了西学的因素。马克思主义传入中国后，不少人用马克思主义理论研究中国历史文化，它们自然也成为了国学的一部分。因此，国学又是开放的、随时代而进步的。那么，当今我们研究、振兴国学，不允许也不应该倒退，不允许也不应该僵化。

然而，国学又是与西学明显区分的。国学是西学的对应物，是与西学完全不同的学术体系。在近代，西学挟坚船利炮强势进入中国之后，中国人还视自我，对于中国固有之学问的称呼出现了中学、国故学、国粹、国学这样的名称。面对“帝国主义”的强大，中国人自愧不如，一方面拼命地学习、引进西学，另一方面拼命地贬低、抛弃国学。虽然也有一些人，如张之洞为保护中华文化之根本，提出“中学为体，西学为用”，如胡适，提出“整理国故”，以“再造文明”“建立民族自信心”，但其声音终被时代所淹没。国学一再被严重曲解和轻视，造成了中国历史文化的大断裂。也许，这一历史过程是必然的。但回顾过去，中国在走向独立富强的过程中，国学所付出的代价实在太大、太惨重了。

新中国成立后，饱受屈辱的中国人从此站立了起来，民族自信心大大加强，但没有能够及时认识到国学在新时代的重要性，甚至仅存的一点点国学遗产也进一步成为被抛弃的对象。改革开放三十年之后，走向富强的国人终于幡然醒悟，保护和振兴国学逐渐成为全民的共识。一个强大的自立于世界民族之林的国家，必然要有与之相匹配的伟大的民族文化。中国人，从领导者、学术界到普通百姓，都在重新发现国学的现代价值。同时，在走向全球化的进程中，东西方各国也把目光投向了中国。中国学问，中国的一切都在被重新评价。中国不仅为了自身的建设和发展需要从传统文化中汲取智慧，而且也面临着以优秀的中华文化向全人类贡献智慧的责任和挑战。

那么，这套经典传家丛书的编纂就是可喜的，编纂者的初衷和努力就是可敬的。希望这套丛书能发挥点滴作用，如同涓涓细水与千百万有志者的努力一道汇成大潮，去迎接中华民族的伟大复兴！

是为序。

二〇一五年五月

前 言

在中国，流传着这样一首童谣：

一群乌鸦噪晚风，诸生齐放好喉咙。

赵钱孙李周吴郑，天地玄黄宇宙洪。

三字经完翻鉴略，千家诗毕念神童。

其中有个聪明者，一日三行读大中。

歌谣里的诗句，大家一定觉得很有趣，却不一定懂得里面的意思。其实，歌谣里所提到的，均来自于《三字经》《百家姓》《千字文》等千百年来流传广泛的蒙学读物。

那么，什么是蒙学呢？“蒙”这个字，在《周易》中是六十四卦之一，古语解释它是“物之稚也”。稚，就是幼小。所以这个“蒙”字也引申为“蒙昧无知”，而启蒙，就是开启蒙昧。蒙学，就有“启蒙”的含义在内。

那么，这些古老的蒙学课本，到底为孩童们传达了什么样的知识呢？有些蒙学课本，主要是教孩子识字，比如《百家姓》。但更多的蒙学读物，是教给孩子一些最基本的做人的道理。比如《三字经》开篇就说：“人之初，性本善”，引用孟子的思想，开宗明义地传授圣人之道；再比如《弟子规》，以《论语》中的文字开头：“弟子入则孝，出则弟，谨而信，泛爱众”；再比如《三字经》，历来被推崇者称为“袖里《通鉴纲目》”“千古一奇书”，“若能句句知诠解，子史经书一贯通”。

可见，蒙学不仅仅是教孩子识字，更承担了很多教育的意义。时代虽然在进步，但古老的蒙学教育中所包含的中华民族的传统美德，是我们今天仍然应当借鉴和学习的。使我们在教导孩子们读读书、习习字之外，更循循善诱地教会他们一些做人的道理。

编者本着以上目的，在传统的蒙学书目中精心挑选，汇集成册，以飨读者。本书共收录《三字经》《百家姓》《千字文》《声律启蒙》《格言联璧》

五篇千百年来广为流传的传统蒙学读物。

《三字经》相传为南宋进士王应麟撰，自宋以后，家喻户晓，文中既讲教与学，又讲礼仪规范和名物，旁及历史和发愤求知的典故。“养不教，父之过；教不严，师之惰。”“玉不琢，不成器；人不学，不知义。”这些朗朗上口的句子成了人们多年传诵的格言。

《百家姓》成于宋朝，全文把四百三十八个姓氏辑为四言韵文，既便于诵读，也容易记忆，为雅俗所共赏。

《千字文》则是梁武帝时周兴嗣所编。相传梁武帝令人拓取王羲之的墨宝一千个字，命周兴嗣编缀成文。全文不但对仗工整，条理贯穿，且文采斐然，令人拍案叫绝，被称为才子奇书，千百年来流传不废。

《声律启蒙》是训练儿童掌握声韵格律的启蒙读物。按韵分编，包罗天文、地理、花木、鸟兽、人物、器物等的虚实应对。对有心学习古典诗词的朋友们来说称得上是手边必备的参考书之一。

《格言联璧》全书以类编次，计有“学问”“存养”“持躬”“敦品”“处事”“接物”“齐家”“从政”“惠吉”“悖凶”，凡十类。编者自每类中精选出经典段落，向人阐述“修已”“行仁”“省躬”的道理。

我们在编写过程中，着力保证了图书内容的准确性，每部作品除收录了原文外，还配有疑难字注音、注释和译文。注音、注释都以王力的《古代汉语词典》为基础，参考各经典版本，力求精准。针对书中提到的历史名人与典故，也会一一注释，让读者明白来龙去脉。译文力求以信达雅为原则，保留古人行文风格，并结合现代读者的习惯，用优美的白话再现原文的流畅。

古语说“三岁定一生”，幼年时期，孩子们的可塑性极强，“使之则为，使止则止”。用蒙学经典开启他们的智慧，他们就会将其内容铭记在心灵的最深处。随着年龄的增长，经典的精髓会在他们身上慢慢发酵，而“与经典同行，与圣人为伍”的精神，将会贯穿于他们生命的始终。

崇賢書院

目录

三字经

三字经

[原文]

人之初，性本善。性相近，习相远。

[译文]

人出生之初，禀性都是善良的。天性也都相差不多，只是由于后天所处的环境和所受教育不同，彼此的习性才形成了巨大的差别。

孟母教子

孟子小的时候非常调皮，他家住在墓地旁边，孟子就和邻居的小孩一起学着大人跪拜、哭嚎的样子，玩起办理丧事的游戏。孟子的母亲看到后就带着孟子搬到市集旁边去住。到了市集，孟子又和邻居的小孩学起商人做生意的样子，鞠躬欢迎客人，和客人讨价还价。孟子的母亲知道后，再次搬家。这一次，他们搬到了学校附近。孟子开始变得守秩序、懂礼貌、喜欢读书。孟子的母亲很满意，于是就定居在那里。孟子长大成人后，学成六艺，获得大儒的名望。人们认为这都是孟母逐步教化的结果。

[原文]

苟不教，性乃迁。教之道，贵以专。

[译文]

如果对孩子不严加教育，孩子善良的禀性就会改变。教诲一个人按照本性发展的方法，贵在教导他专心致志，始终不懈。

[原文]

昔孟母，择邻处。子不学，断机杼（zhù）。

[译文]

从前，孟子的母亲为了使孟子能在一个良好的环境中成长，曾三次搬家。孟子不努力学习，孟母生气地割断了织布机上已经织好的布，以此教诫孟子只有日积月累地学习，方能有进益。

[原文]

窦燕山，有义方，教五子，名俱扬。

[译文]

五代窦禹钧教育孩子有良好的方法。他所教育的五个儿子，都一举成名，美名远扬。

[原文]

养不教，父之过。教不严，师之惰。

[译文]

生养了子女却不加以教诲，这是做父亲的过错。教育学生却不严格要求，这是做老师的懒惰。

[原文]

子不学，非所宜。幼不学，老何为？

[译文]

小孩子不努力学习，这是很不应该的。如果一个人在小的时候不读书学习，那么到老的时候还能有什么作为呢？

[原文]

玉不琢，不成器。人不学，不知义。

[译文]

美玉如果不经过玉工的打磨雕刻，就不可能变成精美的玉器。一个人如果不努力读书学习，就不会懂得知识和道理。

[原文]

为人子，方少时，亲师友，习礼仪。

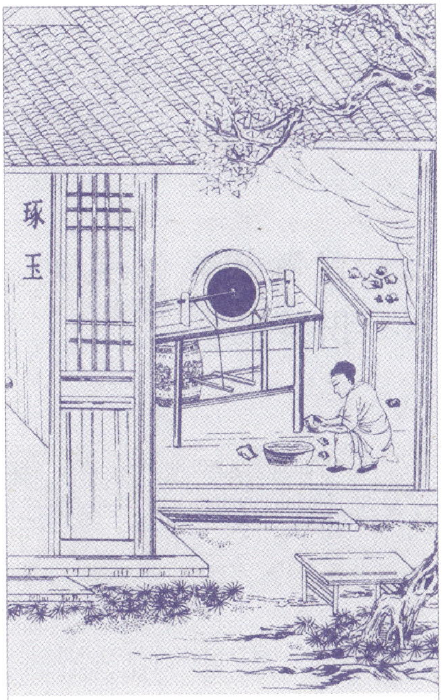

琢 玉

《诗经·卫风·淇奥》中有“如切如磋，如琢如磨”之句，意思是切割骨角、象牙、玉石，然后加以细细磨制、磨琢，成为器皿。后浓缩成成语“切磋琢磨”，含有研讨、探求之意。

[译文]

为人子弟，当少年之时，应当亲近明师，交结贤友，讲习礼节仪文之事。

[原文]

香九龄，能温席。孝于亲，所当执。

[译文]

黄香九岁的时候就懂得孝顺父亲，在冬天严寒之时用自己的身体将父亲的枕席温暖后再请父亲安寝。孝敬亲人，就应当向黄香学习。

[原文]

融四岁，能让梨。弟于长，宜先知。

[译文]

孔融四岁的时候，就能把大的梨子让给兄长。弟弟要尊敬兄长，这个道理应当趁早知道。

[原文]

首孝悌，次见闻，知某数，识某文。

[译文]

人生的首务是孝敬父母，尊敬兄长，其次才是多见天下之事，多闻古今之理，知道十百千万之数，了解古今圣贤之事。

扇枕温衾

黄香，东汉江夏安陆人，九岁丧母，事父极孝。酷夏时为父亲扇凉枕席；寒冬时用身体为父亲温暖被褥。少年时即博通经典，文采飞扬，京师广泛流传“天下无双，江夏黄童”。安帝（107—125）时任魏郡（今属河北）太守，魏郡遭受水灾，黄香尽其所有赈济灾民。著有《九宫赋》《天子冠颂》等。

[原文]

一而十，十而百，百而千，千而万。

[译文]

数字从一开始，十个一为十，十个十为百，十个百为千，十个千为万。

［原文］

三才者，天地人。三光者，日月星。

［译文］

古书上所说的三才，是指天、地、人；古书上所说的三光，是指太阳、月亮和星星。

［原文］

三纲者，君臣义，父子亲，夫妇顺。

［译文］

古书上所说的三纲，是指君臣之间有忠爱之意，父子之间有天性之亲，夫妇之间有和顺之义。

［原文］

曰春夏，曰秋冬，此四时，运不穷。

［译文］

春天、夏天、秋天、冬天是一年的四个季节，这四个季节循环交替，运行不止，无穷无尽。

［原文］

曰南北，曰西东，此四方，应乎中。

［译文］

南方、北方、西方、东方是四面的方位，这四个方位都是与中央点相对应而确定的。

四象之玄武

中国古代把天空里的恒星划分成为“三垣”和“四象”七大星区。在“三垣”外围分布着“四象”：“东苍龙、西白虎、南朱雀、北玄武。”苍龙的方位是东，代表春季；白虎的方位是西，代表秋季；朱雀的方位是南，代表夏季；玄武的方位是北，代表冬季。

［原文］

曰水火，木金土，此五

行，本乎数。

[译文]

水火木金土就是五行，它是万事万物的根本，是由天理所决定的。

[原文]

曰仁义，礼智信，此五常，不容紊。

[译文]

仁、义、礼、智、信是做人的五条准则，这五条准则要遵守，不容许疏忽紊乱。

[原文]

稻粱菽，麦黍稷，此六谷，人所食。

[译文]

稻、粱、菽、麦、黍、稷是六种粮食，它们是人类的主要食物。

[原文]

马牛羊，鸡犬豕，此六畜，人所饲。

[译文]

马、牛、羊、鸡、犬、猪是六畜，是人类饲养的家畜。

鸡

我国古代特别重视鸡，称它为“五德之禽”。《韩诗外传》说，它头上有冠，是文德；足后有距能斗，是武德；敌在前敢拼，是勇德；有食物招呼同类，是仁德；守夜不失时，天亮时报晓，是信德。

[原文]

曰喜怒，曰哀惧，爱恶欲，七情具。

[译文]

高兴、生气、忧伤、害怕、倾慕、憎恶、欲念是人类与生俱来具有的七种感情。

［原文］

匏土革，木石金，丝与竹，乃八音。

［译文］

用匏、土、皮革、木头、石头、金属、丝、竹这八种材料为主要原料制成的八种乐器，叫“八音”，是乐器的总称。

兄弟友爱

据《唐史》记载：玄宗与他的兄弟诸王，极相友爱，玄宗做了天子，也不改变。玄宗初登宝位，即制为长枕大被，与诸兄弟们一处宿歇，饮食行坐，都不相离。少弟薛王名业，曾染疾病，玄宗亲自替他煎药，炉内火被风吹起来，烧着玄宗的胡须，左右惊慌上前救之。玄宗说：“但愿薛王服药，病得痊可，我之须何足惜。”其友爱之切如此。

［原文］

高曾祖，父而身，身而子，子而孙。

［译文］

由高祖父生曾祖父，曾祖父生祖父，祖父生父亲，父亲生我，我生儿子，儿子再生孙子。

［原文］

自子孙，至玄曾，乃九族，人之伦。

［译文］

高祖父、曾祖父、祖父、父亲、自己、儿子、孙子、曾孙、玄孙，这是“九族”，表示着亲族之间的亲疏远近、尊卑老幼关系。

［原文］

父子恩，夫妇从。兄则友，弟则恭。

［译文］

儿子要报答父母的恩情，妻子要顺从自己的丈夫。哥哥对弟弟要友爱，弟弟对哥哥要恭敬。

[原文]

长幼序，友与朋。君则敬，臣则忠。此十义，人所同。

[译文]

长辈和晚辈之间要注意尊卑，朋友之间要注意守信用和讲义气，君主对臣子要敬重，臣子对君主要忠诚。这十种大义，人们都应当共同遵守。

[原文]

凡训蒙，须讲究，详训诂（gǔ），明句读。

[译文]

凡是教诲小孩读书，必须讲解义理，考究事实，既要详细解释字词意义，又要说明应在哪里停顿断句。

[原文]

为学者，必有初，《小学》终，至"四书"。

[译文]

致力于读书学习的人，必定有一个良好的开端。学习完宋人朱熹编写的《小学》后，再学习《论语》《孟子》《大学》《中庸》这四部书。

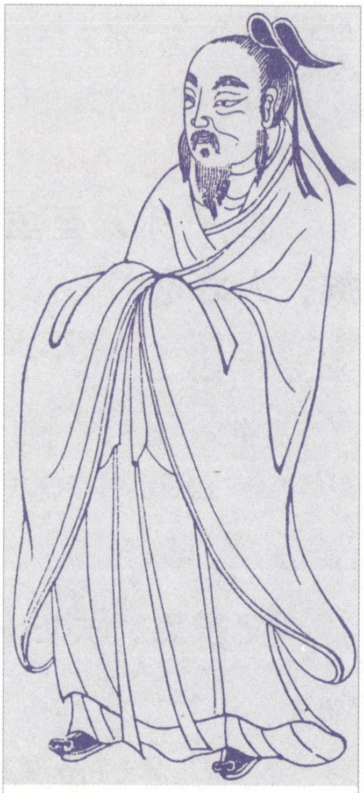

曾 参

[原文]

《论语》者，二十篇，群弟子，记善言。

[译文]

《论语》这部书，共有二十篇。都是孔子的弟子们记载的有关孔子一生的嘉言高论。

[原文]

《孟子》者，七篇止，讲道德，说仁义。

[译文]

《孟子》这部书，一共有七篇，其核心内容是宣扬道德和仁义。

[原文]

作《中庸》，子思笔，“中”不偏，“庸”不易。

[译文]

著述《中庸》这篇文章的，是孔子的孙子子思。“中庸”的意思是待人接物要至公至平、至真至正、无太过、无不及。

[原文]

作《大学》，乃曾子，自修齐，至平治。

[译文]

《大学》这篇文章的作者是孔子的学生曾参。文章论述了提高自身道德修养、管理家庭乃至治理国家、平定天下的方法和道理。

[原文]

《孝经》通，“四书”熟，如“六经”，始可读。

[译文]

读通了孔子著述的《孝经》，读熟了“四书”，才能读像“六经”这样深奥的书。

[原文]

《诗》《书》《易》，《礼》《春秋》，号“六经”，当讲求。

[译文]

《诗经》《尚书》《周易》《礼记》和《春秋》号称“六经”，应当认真阅读研究。

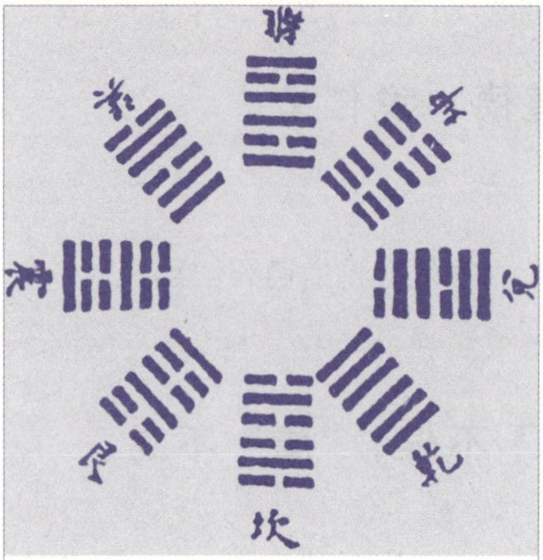

文王八卦图

《史记》记载“文王拘而演周易”，发明“文王八卦”，即“乾、坤、震、巽、坎、离、艮、兑”八个基本卦，称为八经卦。再将八经卦两两重叠，就可以得到六个位次的易卦，共有六十四卦，这六十四卦称为六十四别卦，每一卦都有特定的名称。

[原文]

有《连山》，有《归藏》。有《周易》，三易详。

[译文]

“三易”包括《连山》《归藏》和《周易》。

[原文]

有典谟，有训诰，有誓命，《书》之奥。

[译文]

《尚书》又称《书经》，是一部上古到西周的文献汇集，义理深奥，它的篇章名目繁多，有典、谟、训、诰、誓、命等。

[原文]

我周公，作《周礼》，著六官，存治体。

[译文]

西周时周公姬旦写了《周礼》，记载了朝廷设立的天官、地官、春官、夏官、秋官、冬官等部门的情况，保存了当时的有关制度。

[原文]

大小戴，注《礼记》，述圣言，礼乐备。

[译文]

“大戴”戴德和“小戴”戴圣都曾汇编《礼记》并作了注解，记述了圣人的语言，详细记载了上古的礼乐制度。

[原文]

曰《国风》，曰《雅》《颂》，号四诗，当讽咏。

[译文]

《诗经》分为《风》《大雅》《小雅》《颂》四个部分，所以《诗经》号称“四诗”，应当诵读吟唱。

[原文]

《诗》既亡，《春秋》作，寓褒贬，别善恶。

[译文]

《诗经》在传世过程中佚失不少，孔子于是编写了《春秋》这部史书，他将对历史人物的褒贬寓含在史实的记载中，以便人们分别善恶。

[原文]

三传者，有《公羊》，有《左氏》，有《穀梁》。

[译文]

对《春秋》加以注释发挥的史书有公羊高的《公羊传》、左丘明的《左传》、穀梁赤的《穀梁传》，称为“春秋三传”。

[原文]

经既明，方读子。撮(cuō)其要，记其事。

《诗经·郑风·风雨》诗意

[译文]

经书全部读懂后，才能读诸子百家的著作。读这些书时要注意归纳其中的要点，并记熟其中的事例。

[原文]

五子者，有荀、扬，文中子，及老庄。

[译文]

书中的“五子”是指荀卿的《荀子》、扬雄的《法言》、王通的

庄周梦蝶

有一天，庄周梦见自己变成了一只翩翩起舞的蝴蝶。他非常快乐，悠然自得，不知道自己是谁。过了一会儿庄周醒了，却发现自己僵卧在床。不知是庄周做梦变成了蝴蝶呢，还是蝴蝶做梦变成了庄周呢？这则寓言是表现庄子齐物思想的名篇。庄子认为人们如果能打破生死、物我的界限，则无往而不快乐。他的文风轻灵缥缈，文句常为哲学家和文学家所引用。

《中说》、老子的《道德经》和庄周的《庄子》。

[原文]

经子通，读诸史，考世系，知终始。

[译文]

经书和子书通晓了，就读各种史书，从中考察各个国朝的世代系统，了解历史事件的始末。

[原文]

自羲、农，至黄帝，号三皇，居上世。

[译文]

从伏羲、神农到黄帝，他们三人号称“三皇”，三皇都是上古社会的皇帝。

[原文]

唐、有虞，号二帝，相揖逊，称盛世。

[译文]

唐尧和虞舜号称“二帝”，他们相互谦逊礼让，把帝位传给贤人，他们统治的时代被称为太平盛世。

[原文]

夏有禹，商有汤，周文武，称三王。

[译文]

夏朝的开国君主叫禹，商朝的开国君主叫汤，周朝的开国君主称周武王。他们三人号称“三王”。

[原文]

夏传子，家天下，四百载，迁夏社。

[译文]

夏禹王将帝位不传给贤人而传给儿子，使天下成为一家的天下。夏朝延续了四百年，在桀王时灭亡。

[原文]

汤伐夏，国号商，六百载，至纣亡。

[译文]

汤王讨伐夏桀而推翻了夏朝，建立新国号称商。商朝前后延续六百年，到纣王时灭亡。

脯林酒池

夏禹王传位给儿子启，夏禹王是个明君，可是传到夏桀王时，桀不理朝纲，树挂肉脯，地掘酒池，用七宝建造瑶台，金碧辉煌。桀昏庸无道，终被商汤所灭。

[原文]

周武王，始诛纣，八百载，最长久。

[译文]

周武王杀掉商纣王建立周朝，周朝享国共八百余年，是所有王朝中最长久的一个朝代。

[原文]

周辙东，王纲坠，逞干戈，尚游说。

[译文]

自从周平王把都城从西北的镐京东迁洛阳之后，周朝朝廷纲纪不修，各诸侯国不听周王命令，互相发动战争，说客们到处游说而受到欢迎。

[原文]

始春秋，终战国，五霸强，七雄出。

[译文]

从春秋时代开始先后有五个强大的霸主，称霸诸侯，号令天下；到战国时代，则出现了七大强国争雄的局面。

[原文]

嬴秦氏，始兼并，传二世，楚汉争。

[译文]

秦王嬴政吞并了六国，统一了天下，建立了秦王朝。然而秦朝只传到他儿子二世皇帝胡亥时就被推翻了，西楚霸王项羽和汉王刘邦开始争夺天下。

刘玄德三顾茅庐

刘备“三顾茅庐”，使诸葛亮非常感动，答应出山相助。刘备尊诸葛亮为军师，对关羽、张飞说：“我之有孔明，犹鱼之有水也！”诸葛亮初帮刘备打了不少胜仗，为刘备奠定了蜀汉的国基。

[原文]

高祖兴，汉业建，至孝平，王莽篡。

[译文]

汉高祖刘邦兴起，建立了汉朝，皇位传到孝平帝刘衎时，政权被王莽篡夺。

[原文]

光武兴，为东汉，四百年，终于献。

[译文]

汉光武消灭王莽，中兴汉朝，称为东汉。汉朝包括西汉、东汉两个时代，共四百多年，在汉献帝时灭亡。

[原文]

魏蜀吴，争汉鼎，号三

国，迄两晋。

[译文]

刘备的蜀国、曹操的魏国、孙权的吴国，互相争夺汉室江山，这个时代号称三国时代。司马炎灭掉三国建立了晋朝，晋朝又分为西晋和东晋。

[原文]

宋齐继，梁陈承，为南朝，都金陵。

[译文]

刘裕建宋朝，接着被萧道成建立的齐朝所代替，然后是萧衍建立的梁朝和陈霸先建立的陈朝，这四个王朝统称“南朝”，它们的京城都在金陵。

[原文]

北元魏，分东西，宇文周，与高齐。

[译文]

与南朝同时存在的统治北方的王朝统称为“北朝”。首先是魏朝，魏朝又分裂为东魏和西魏。以后，高洋消灭东魏建立北齐，宇文觉夺取西魏建立北周。

[原文]

迨至隋，一土宇，不再传，失统绪。

[译文]

后来隋文帝杨坚兴起，消灭了南方的陈朝和北方的周朝，统一了天下，建立了隋朝。隋文帝的帝位只传了一代，便在他儿子杨广的荒淫无度中失去了。

隋炀帝剪彩为花

隋炀帝仗恃国力富强，骄奢淫逸，是历史上有名的暴君。即位后几乎每年征发重役，他为营建东都洛阳、开发运河，年年远出巡游，每次出游都大肆营造离宫，扰掠地方，浪掷人力、物力、财力，社会生产受到严重破坏。后终激乱败国，为叛军弑于江都。

[原文]

唐高祖，起义师，除隋乱，创国基。

[译文]

唐高祖李渊兴起义兵，推翻了隋炀帝杨广的统治，治理了天下之乱，开创了唐王朝的基业。

[原文]

二十传，三百载，梁灭之，国乃改。

[译文]

唐朝共传了二十代，立国将近三百年。后被梁王朱温篡位，建立了后梁。

[原文]

梁唐晋，及汉周，称五代，皆有由。

[译文]

后梁、后唐、后晋、后汉、后周这五个朝代统称为“五代”，它们的建立都各有由来。

[原文]

炎宋兴，受周禅，十八传，南北混。

[译文]

宋王朝是由开国皇帝赵匡胤接受了后周皇帝的禅让而建立的。宋朝共传了十八代，它又可以分为北宋和南宋两个时期。

[原文]

辽与金，帝号纷，迨灭辽，宋犹存。

[译文]

与宋朝同时存在的还有北方的辽国与金国，他们的首领也都号称皇帝。

等到金国消灭了辽国时，宋朝仍然存在。

[原文]

至元兴，金绪歇，有宋世，一同灭。

[译文]

到了元朝兴起的时候，金国的命运也就终止了。金国被元朝灭亡以后，宋朝同样被元朝消灭了。

马皇后

朱元璋皇后马氏，生于元至顺三年（1332），宿州人。马皇后生性贤德，朱元璋褒奖她，堪比历史上的贤后唐太宗长孙皇后，《明史》赞扬马皇后，“母仪天下，慈德昭彰”。

[原文]

并中国，兼戎狄，九十年，国祚(zuò)废。

[译文]

蒙古人入主中原，兼并了少数民族地区，元朝历时九十余年，最终亡国。

[原文]

明太祖，久亲师，传建文，方四祀。

[译文]

明太祖朱元璋长期亲自督帅军队血战，消灭了元朝建立了明朝。他把帝位传给了他的孙子朱允炆，朱允炆只当了四年皇帝。

[原文]

迁北京，永乐嗣，追崇祯，煤山逝。

[译文]

朱元璋的第四子登上皇位，年号“永乐”，他将都城从南京迁往北京。等到帝位传到崇祯皇帝朱由检时，李自成攻入北京，朱由检在煤山上吊自杀，明朝从此灭亡。

[原文]

廿二史，全在兹，载治乱，知兴衰。

[译文]

二十二史全面记载了从上古以来的历史，记叙了各个太平盛世和乱世的史实，从中可以明白各个王朝兴盛和衰亡的原因。

学琴师襄

鲁昭公十年（前523），孔子29岁，向师襄学习弹琴，他长时间练习一支曲子，直到理解了乐曲的内涵，进而领悟到作者是周文王，师襄很佩服，告诉他乐曲名叫《文王操》。

[原文]

读史者，考实录，通古今，若亲目。

[译文]

研读史书的人，须要考究历代君臣之实录，通晓古往今来的历史事件，就像自己亲眼所见一般。

[原文]

口而诵，心而惟，朝于斯，夕于斯。

[译文]

凡是求学问的人，在读以上谈到的经史子集等书时，都要能熟读成诵，并能在心中思索其中的道理，这才能有所进益。还要不分早晚，勤奋攻读，才能融会贯通。

[原文]

昔仲尼，师项橐(tuó)，古圣贤，尚勤学。

[译文]

从前圣人孔子曾以七岁的孩子向橐当作老师来请教。这些古代的圣贤之人，尚且如此勤学好问，那么我们普通人就更应该加倍努力学习才对。

［原文］

赵中令，读《鲁论》。彼既仕，学且勤。

［译文］

宋朝的中书令赵普一生研读鲁国的《论语》。在他任宰相之职后，不仅继续学习而且十分勤奋。

［原文］

披蒲(pú)编，削竹简。彼无书，且知勉。

［译文］

汉代的路温舒少年时用蒲草编成席子，把借来的《尚书》抄在上面加以学习；公孙弘少年时削竹片抄录《春秋》来诵读。他们无钱买书，却能勤奋自勉，刻苦学习。

［原文］

头悬梁，锥刺股。彼不教，自勤苦。

［译文］

晋代的孙敬刻苦学习，为了防止晚上读书打瞌睡而将头发用绳子吊在屋梁上；战国人苏秦读书困倦时就用锥子刺自己的大腿来提神。他们都没有老师来督促，却能自觉地勤学苦练。

［原文］

如囊萤，如映雪，家虽贫，学不辍。

［译文］

晋朝的车胤，学习时没有灯就捉萤火虫装在纱袋里照明读书；晋朝的孙康没有灯就借着大雪的反光来读书。他们虽然家境贫寒，但从不停止学习。

［原文］

如负薪，如挂角，身虽劳，犹苦卓。

[译文]

汉代的朱买臣一边砍柴一边读书，隋代的李密一边放牛一边读书。他们虽然很劳累，但仍然发奋苦读。

[原文]

苏老泉，二十七，始发愤，读书籍。

[译文]

宋朝的苏洵号老泉，直到二十七岁时才开始发奋读书，后来成为有名的文学家。

苏洵

[原文]

彼既老，犹悔迟。尔小生，宜早思。

[译文]

苏洵年事已高时，尚且悔恨自己年幼时不知读书学习，因而奋发补救。你们这些小孩子，应当趁早努力读书，用心思考问题。

[原文]

苦梁灏，八十二，对大廷，魁多士。

[译文]

宋人梁灏在八十二岁高龄时，在朝廷进行的进士考试中，战胜了所有的考试者，夺取了状元。(梁灏在历史上没有活到82岁便去世了，与史实不符。)

[原文]

彼既成，众称异，尔小生，宜立志。

[译文]

梁灏八十二岁中状元夺魁，众人都称赞这是一件了不起的奇事。你们这些小孩子，应当从小立定志向，因为“有志者，事竟成”。

[原文]

莹八岁，能咏诗。泌七岁，能赋棋。

[译文]

北魏人祖莹八岁时就能咏诗成章，唐朝人李泌七岁时就能按皇帝的要求当场吟出写棋的诗句。

[原文]

彼颖悟，人称奇。尔幼学，当效之。

[译文]

祖莹和李泌如此聪颖，人们都称奇、欣羡。你们这些年幼的学生，应当以他们为学习的榜样，用心读书，发奋向上。

[原文]

蔡文姬，能辨琴。谢道韫(yùn)，能咏吟。

[译文]

汉代的蔡文姬博学有才，精通音律。晋代女子谢道韫，幼时曾吟出描绘大雪的绝妙诗句。

[原文]

彼女子，且聪敏，尔男子，当自警。

[译文]

蔡文姬和谢道韫都是女子，尚且如此聪慧，你们作为男子汉，更应当以她们为榜样警醒自己。

文姬归汉

东汉末年，中原战乱。名儒蔡邕的女儿蔡文姬流落在乱军流民之中，被南匈奴的左贤王拯救。继而，蔡文姬与左贤王成婚，生下一儿一女。尽管如此，蔡文姬无时无刻不在思念故土，怀念含冤死去的父亲。12 年后，曹操平定了中原。为了在文治声教上做一番事业，曹操特派蔡文姬的表弟董祀与周进一同出使匈奴赎回蔡文姬，以使其继其父之业，续修《汉书》。

[原文]

唐刘宴，方七岁，举神童，作正字。

[译文]

唐代的刘晏刚七岁时，就因为能吟诗作文受到皇帝称赞，被推举为神童，并被授予翰林院正字的官职。

[原文]

彼虽幼，身已仕。尔幼学，勉而致。
有为者，亦若是。

[译文]

刘晏年纪虽然幼小，但已身居官位。你们这些年幼的学生，只要勤勉学习也能达到这样的成就。

有所作为的人，也都像上面所列举的这些古人一样被人们千古传诵。

[原文]

犬守夜，鸡司晨。苟不学，曷为人？

蚕

[译文]

狗能够为主人守夜看家，公鸡知道早晨报晓。一个人如果不读书学习，怎么能做人呢？

[原文]

蚕吐丝，蜂酿蜜。人不学，不如物。

[译文]

蚕吐丝供人纺织丝绸，蜂酿蜜供人食用。一个人如果不学习，就连这些小动物都不如了。

[原文]

幼而学，壮而行，上致君，下泽民。

[译文]

年幼时读书学习，以后能将学到的知识用到干事业中去，对上可以辅助君主治理国家，对下可以给百姓带来恩泽。

[原文]

扬名声，显父母，光于前，裕于后。

[译文]

使自己的名声远扬，让父母感到荣耀，给祖先带来光彩，为后代留下财富。

[原文]

人遗子，金满籯（yíng）。我教子，唯一经。

[译文]

人们习惯留给自己的子弟许多金钱。我教育子弟，则只希望他们能精通这本经书。

[原文]

勤有功，戏无益。戒之哉，宜勉力。

[译文]

勤奋努力学习一定会有收获，贪玩懒惰绝对没有益处。这一点要特别注意，应当不断勉励自己努力学习。

百家姓

百家姓

［原文］

赵钱孙李 周吴郑王 冯陈褚(chǔ)卫 蒋沈韩杨
朱秦尤许 何吕施张 孔曹严华 金魏陶姜

姓氏寻根

赵

据《通志·氏族略》《姓氏考略》所记，伯益的后代造父为周穆王驾车有功，周穆王把赵城封给他，其子孙遂以赵为姓。

钱

据《百家姓考略》所记："彭祖姓篯名铿，支子去竹而为钱氏。"

孙

据《元和姓纂》所记，卫武公的儿子名惠孙，其后世子孙以孙字为姓。

李

据《百家姓考略》所记，尧帝时代的大理（官名）皋陶，其后代以理为姓。其后世裔孙理利贞避纣王迫害，避居李树下，食李子维持生活，遂改理姓为李姓。

周

据《百家姓考略》记载："周平王少子烈之后，以国名周为氏。"另据《姓源》所记，周平王少子姬烈受封于汝州，汝州称其家为周家，其后遂以周为姓。

吴

据《通志·氏族略》所记，周太王

彭祖钱铿

彭祖是颛顼的玄孙，相传他历经唐虞夏商等代，活了八百多岁。彭祖精于养生，《庄子·刻意》曾把他作为导引养身之人的代表人物。

古公亶父的长子太伯、次子仲雍因自动让贤，远去江南，后由长子太伯建勾吴国。后来周朝建立，周武王封太伯三世孙周章为侯，改国号为吴，其后代遂以国名吴为姓。

孝德升闻

虞史上记：大舜的父亲是个瞽目人，他前妻生的儿子就是大舜。舜母病故后，瞽叟又娶了一个后妻，生的儿子叫作象。那瞽叟愚顽不知道理，后妻嚣恶不贤，象又凶狠无状。他们三人时常商量着要杀害舜，舜知道了，设法躲避，然后得免。然而舜始终不敢怨其父母，只尽自家的孝道。久之，他的行为感化了一家人。瞽叟见他这等孝顺，十分欢喜，所以人都称他为孝子。当时帝尧要求贤德的人可逊以帝位，群臣都举荐舜。

郑

据《元和姓纂》所记，周厉王少子友受封于郑，其后人遂以郑为姓。

王

据《通志·氏族略》所记，周灵王的儿子姬晋因敢于直谏被废为庶民，迁居琅琊。因其本为王族，世人称其家为王家，其后世子孙便以王为姓。

冯

据《元和姓纂》所记，周武王的弟弟毕公高受封于冯地，其子孙遂以冯为姓。

陈

据《通志·氏族略》等书记载，周朝初期，周武王封虞舜的后人胡公满于陈，建立陈国。胡公满的后代遂以陈为姓。

褚

据《通志·氏族略》所记，殷商王族后裔食采于褚邑，遂以褚为姓。

卫

据《广韵》所记，周文王第九子封于康邑，称康叔。武庚叛乱后，周朝把商民七族划归康叔统治，康叔遂建立卫国，卫国的公族后代遂以国名卫为姓。

蒋

据《百家姓考略》所记，周公旦之子伯龄封于蒋，其子孙遂以蒋为姓。

沈

据《元和姓纂》所记，周文王之子聃季封于沈，其后代遂以沈为姓。

韩

据《新唐书·宰相世系表》记载："韩氏出自姬姓。"周武王的少子叔虞的后代毕万受封于韩原，其子孙遂以韩为姓。

杨

据《百家姓考略》所记，周宣王的儿子尚父封于杨邑，号曰杨侯，其子孙以杨为姓。

朱

据《姓苑》所记，周武王封曹挟于邾地，其子孙去掉邾字右边的"阝"旁，以朱为姓。

许 由

尧舜时代的贤人，据说帝尧曾多次向他请教，后来想把君位传给他，遭到了他的严词拒绝。他逃到了登封的箕山隐居起来，帝尧派人找到他，想请他出任九州长官，他跑到颍水边洗耳，表示不愿意听这种话。许由从而被奉为隐士的鼻祖。

秦

据《通志·氏族略》所记，秦姓系出自嬴姓。伯益的后代嬴非子，为周孝王放牧马群有功，封于秦，其子孙以秦为姓。

尤

据《百家姓考略》记载，尤姓"系出沈氏，五代王审知称闽王，国人姓沈者避审音，去水为尤。"从中可知尤是由沈演变而来，这是尤姓之始。

许

据《姓氏急就篇》所记，帝尧时代有贤人许由。帝尧欲以天下让给许由，许由不就，退隐颍水之阳。许由的后人皆姓许。又据《姓源韵谱》所记，炎帝裔孙伯夷的后代文叔，受周武王之封于许国，称许侯，其子孙以许为姓。

何

据《元和姓纂》所记，何姓系出韩姓。韩王安为秦所灭，其子孙为避难逃往江淮一带，当地韩与何音相近，故改姓何。

吕

据《百家姓考略》记载：吕姓“系同姜姓，神农后裔伯夷仕尧掌礼，佐禹治水，封于吕”，其后人遂以吕为姓。

施

据《元和姓纂》所记，周朝鲁惠公的儿子名施父，其第五代孙施伯开始以施为姓。

张

据《通志·氏族略》所记，黄帝的孙子姬挥任弓正，又称弓长（官名）。弓长二字合一为张，遂以张为姓。

孔

据《元和姓纂》所记，商纣王的庶兄微子启受周朝封于商丘，国号宋。微子启是宋国的始祖，其后世子孙有一个名叫孔父嘉，其子孙因事逃到鲁国，以孔为姓。另据《广韵》，商朝的开国君主名汤，字天乙，姓子。汤的后世子孙，将本姓子字加汤王的字乙，组合成孔字，以为姓。

成汤

曹

据《元和姓纂》所记，周文王第十三子振铎受周武王封于曹地，建立曹国，其后人遂以曹为姓。

严

据《百家姓考略》所记：春秋时楚国有个国君死后谥号楚庄王，其后世子孙以其谥号庄字为姓。东汉明帝时期，皇帝名刘庄，为避讳，遂改庄姓为严姓。

神农

华

据《姓氏辨正》所记，春秋时宋戴公的孙子名督，食采于华，其后人遂以华为姓。

金

据《元和姓纂》所记，黄帝子少昊，称金天氏，其后人以祖先称号金字为姓。

魏

据《元和姓纂》所记，周文王的后裔毕万，在晋国为大夫，受封于魏，其子孙以魏为姓。另据《史记》所记，战国时秦国穰侯魏冉，本是楚王后裔，姓芈，后改姓魏，其子孙沿袭魏姓。

陶

据《元和姓纂》所记，尧称帝前先受封于唐，后封于陶，称陶唐氏。尧的后世子孙中有一支以陶为姓。

姜

据《百家姓考略》记载："出自神农氏，神农生于姜水，因姓姜氏。"

[原文]

戚谢邹(zōu)喻 柏水窦章 云苏潘葛 奚范彭郎

鲁韦昌马 苗凤花方 俞任袁柳 酆(fēng)鲍史唐

姓氏寻根

戚

据《姓谱》所记，春秋时卫国大夫孙林父受封于戚，其后人遂以戚为姓。

谢

据《史记》所记，春秋时周宣王封其舅申伯于谢，其后代遂以谢为姓。

邹

据《百家姓考略》所记，周武王封曹挟于邾国，战国时改国号邹，其一部分后人便以邹为姓。

喻

据《通志·氏族略》所记，西汉苍梧太守谕猛，自改谕为喻，其子孙沿用喻姓。

柏

据《百家姓考略》记载："上古有柏招为炎帝师，柏同为帝喾师，封国于柏。"其后代子孙袭用柏姓。

何少康逐犬，而颠陨厥首?

此诗句出自《天问》。少康，夏朝第六任国王。相的儿子，予的父亲。据说寒浞派人杀了相后，相的妃子后缗逃到娘家有仍氏，生下少康。夏的遗臣靡后来率兵杀掉寒浞，立少康为国君。少康在位时夏朝比较强盛，史称"少康中兴"。

水

据《通志·氏族略》所记，夏禹之孙留居会稽，以水为姓。另据《姓氏五书》所记，古代称江河湖泊为水国，岸边的居民有的就以水为姓。

窦

据《新唐书·宰相世系表》记载，夏朝的田王相被杀害后，其怀孕的妃子从窦（墙洞）中逃出，生少康。少康的儿子为纪念祖母逃难，遂以窦为姓。

章

据《通志·氏族略》所记，齐太公的子孙受封于鄣，鄣被齐国灭亡后，后代去掉鄣字的"阝"旁，改为章姓。

云

据《通志·氏族略》所记，颛顼的后裔祝融在帝喾时为火正官，祝融之后封于郓罗地，号为妘子，其后代去掉妘字的"女"旁，改姓云。

苏

据《通志·氏族略》所记，祝融的孙子昆吾受封于苏，建立苏国，其

颛 顼

后代以苏为姓。

潘

据《广韵》所记，周文王的后裔高受封于毕，建立毕国，称毕公高。毕公高封小儿子季孙于潘，其后世子孙遂以潘为姓。

葛

据《通志·氏族略》所记，夏朝时嬴姓诸侯中有葛国，其国君称葛伯。葛国灭亡后，其后裔遂以葛为姓。

奚

据《百家姓考略》所记，黄帝的儿子禺阳受封于任地。禺阳的裔孙名仲，在夏朝时食采于奚地，称奚仲，其后代遂以奚为姓。

范

据《百家姓考略》所记，帝尧的后裔刘累，其裔孙在晋国食采于范地，其后代遂以范为姓。

彭

据《百家姓考略》所记，颛顼的后裔陆终的第三子铿受封于彭，是为彭祖，传说他活了八百岁，其子孙以彭为姓。

郎

据《通志·氏族略》所记，鲁懿公的孙子费伯在郎地建郎邑，其子孙以郎为姓。

鲁

据《通志·氏族略》所记，周公旦受封于曲阜，其地本名鲁。周武王死后，周公旦在朝辅佐周成王，让其子伯禽就封于鲁，其后世子孙遂以鲁为姓。

韦

据《新唐书·宰相世系表》所载，夏朝少康帝封其孙元哲于豕韦，建立韦国。后来韦国被商所灭，其王族约定以国名韦为姓。

昌

据《风俗通》所记，黄帝的儿子昌意，昌意的儿子颛顼，建都帝丘，为高阳氏。后来高阳氏族以祖父昌意的昌字为姓。

马

据《元和姓纂》所载，战国时赵国的名将赵奢任田税官，公正廉明，不畏权势，严格执行税收制度。后又受命领兵援救韩国，战胜秦国，受封于马服地方，其后世子孙省去服字，以马为姓。

苗

据《通志·氏族略》所记，春秋时楚国令尹斗椒之子贲皇，受封于苗地，其后代遂以苗为姓。

凤

据《姓氏考略》所记，帝喾高辛氏时代，任凤鸟氏为历正，是掌管历法节气时令的官，其后人以祖上官称中的凤字为姓。又据《唐书》所载，唐代南诏国王族后裔中有阁罗凤其人。阁罗凤的儿子按王族遗规以其父名的最后一字为姓，叫凤迦异，是为凤姓之始。

花

据《百家姓考略》所记，花姓是华姓分出来的。古代无花字，通作华。后来专用花为花草之花，也有姓华的改为姓花。

方

据《姓氏书辨证》记载，黄帝后裔方雷氏，其后代到周宣王时改为单姓方。

俞

据《百家姓考略》记载，黄帝的大臣俞伯名跗。俞跗是医药官，他精通医术，曾注释《素问》。他是俞姓的始祖。

任

据《通志·氏族略》记载，黄帝的小儿子禺阳受封于任邑，建立任国，其子孙以任为姓。

柳下惠坐怀不乱

鲁国人柳下惠，姓展名禽，一次出远门，晚上住在都城门外。当时天气严寒，忽然有一位女子来投宿，柳下惠恐怕她冻死，就让她坐在自己怀中，用衣服盖住她，一直到第二天天亮也没有发生越礼的事。

袁

据《名贤氏族言行类稿》所记，帝舜的后裔胡公满在周朝时为上卿，受封于陈。胡公满的后世子孙中有一人名伯爰，亦作伯辕。他的孙子便以祖父名字中的爰字为姓，爰与袁通用，是为袁姓之始。

柳

据《广韵》记载，春秋时鲁孝公的儿子姬展，其孙名无骇，无骇以祖父名展字为姓。展无骇生子展禽，字季，展禽受封于柳下，遂改为柳姓，称柳下季。柳下季品行端方，知书达理，名重于诸侯，死后谥惠，史称柳下惠。据说他有坐怀不乱之德。

酆

据《通志·氏族略》记载，周文王的小儿子姬封，周克商后受封于酆邑，其后人遂以酆为姓。

鲍

据《元和姓纂》所记，大禹的后裔敬叔，春秋时在齐国任大夫，受齐侯之封于鲍邑，称鲍敬叔。他的儿子牙开始以封地鲍为姓，即鲍叔牙。

史

据《姓氏考略》记载，西周初期，有史官史佚。此人名佚，史是官名。其后人遂以其官名史字为姓。又据《元和姓纂》记载，史姓出自史皇氏，其始祖是仓颉。黄帝的史官仓颉始创汉字，他的后代以史为姓。

唐

据《百家姓考略》记载，唐姓出自陶唐氏。舜封尧子丹朱于唐，其子孙遂以唐为姓。又一说周成王封其弟叔虞于唐地，叔虞的后代以唐为姓。

［原文］

费廉岑(cén)薛 雷贺倪汤 滕殷罗毕 郝(hǎo)邬安常

乐于时傅 皮卞(biàn)齐康 伍余元卜 顾孟平黄

姓氏寻根

费

据《百家姓考略》记载，费姓出自嬴姓。伯益治水有功，受封于大费，其后裔遂以费为姓。又据《通志·氏族略》所记，鲁懿公后裔被封于费，其子孙以费为姓。

廉

据《姓苑》记载，廉姓出自高阳氏，颛顼的裔孙大廉，其子孙以廉为姓。

岑

据《通志·氏族略》记载，周武王封其弟姬渠于岑，为子爵，世称岑子，其后世子孙遂以岑为姓。

薛

据《元和姓纂》记载，黄帝裔孙奚仲，夏朝时受封于薛，其子孙便以国名薛为姓。

伯益

雷

据《姓苑》记载，黄帝时有一位大臣雷公，精通医术，其后人以雷为姓。又据《通志·氏族略》所载，上古时有个部落称方雷氏，其后代，有的以方为姓，有的以雷为姓。

贺

据《通志·氏族略》记载，春秋时齐桓公的后裔有庆封，传至汉代其裔孙中有一人名庆纯，官侍中。汉安帝为避父亲刘庆之讳，诏告天下：凡庆皆改为贺，庆纯改名贺纯，其子孙遂以贺为姓。

倪

据《元和姓纂》记载：西周初，周武王封颛顼后人于邾，建立邾国。邾国君邾武公封其次子肥于郳，建立郳国，乃一附庸小国。后来郳国被楚国所灭，其后裔以郳为姓。为避仇杀，去掉“阝”旁，改为儿。以后又加“亻”旁，成为倪姓。

汤

据《名贤氏族言行类稿》所记，商代成汤的后裔以祖先的名字汤为姓。

解网施仁

商史上记：成汤为君宽仁，曾出至野，见有人四面张着罗网捕鸟雀，汤不忍，于是使从人将那网解去三面，只存一面。又重新替他祷祝。夫汤之不忍害物如此，其不忍害民可知。所以当时汉江之南的列国诸侯，闻汤这一事，都称说：“汤之仁德，可谓至矣，虽禽兽之微，亦且及之，而况于人乎？”于是三十六国，一时归商。

滕

据《百家姓考略》记载，西周初期周武王封弟叔绣于滕，其后世子孙以滕为姓。

殷

据《元和姓纂》记载，商朝的第十代商王盘庚迁都于殷，称殷朝。其后人以殷为姓。

罗

据《名贤氏族言行类稿》记载，春秋时期，祝融的后代受封于罗，建立了罗国，其子孙遂以罗为姓。

毕

据《通志·氏族略》记载，西周初期，周文王的第十五子姬高受封于毕，公爵，世称毕公高，其子孙以毕为姓。

郝

据《通志·氏族略》记载，殷商时期，殷王乙封子期于郝，其子孙遂以郝为姓。

郄

据《通志·氏族略》所记，春秋时晋国人祁臧受封于郄，世称郄臧，其子孙袭用郄姓。

安

据《新唐书·宰相世系表》记载，黄帝子昌意，昌意次子安居西戎，自称安息国，其后代以安为姓。

常

据《通志·氏族略》记载，黄帝时任司空（宰相）的常先，其后代均以常为姓。又，周文王之子康叔分封其子于常邑，居常邑的这部分后人则以常为姓。

乐

据《百家姓考略》记载，春秋时宋国君宁戴公儿子衎，字乐父。乐父的孙子以祖父的字乐为姓，其子孙袭用。

于

据《广韵》记载，周武王封其儿子在邘地，世称叔。叔的子孙去掉字的“阝”旁，以于为姓。

时

据《百家姓考略》记载，春秋时，商王朝的后裔宋国的公子来，受封于时邑，其子孙以封邑时为姓。

殷高宗武丁

傅

据《史记·殷本纪》记载，殷商武丁时期的宰相本名说，因其早年曾于傅岩处隐居，被武丁派人访贤求得，任为相，世称傅说，其子孙以傅为姓。又据《姓氏考略》记载，黄帝裔孙大由封于傅邑，其后代以傅为姓。

皮

据《百家姓考略》等书所记，周公之后裔，鲁献公之子仲山甫辅佐周

宣王有功，受封于樊国，称樊侯，其子孙遂姓樊。樊侯的后代，有一人受封于皮氏邑，时称樊仲皮，其子孙有的以皮为姓。

卞

据《百家姓考略》等书记载，西周初期，周武王封其弟振铎于曹，世称曹叔振铎。曹叔振铎的后人中有一勇士名庄，受封于卞邑，称卞庄子，其后人以卞为姓。

齐

据《通志·氏族略》记载，周朝“太公望封于齐，国人以国为氏”。皆姓齐。

剑赠渔父

伍子胥逃亡时，蒙一渔父渡船相救，伍以剑相赠，渔父不接受。

康

据《元和姓纂》所记，西周初，周武王封幼弟于康，世称康叔，其后人以康为姓。

伍

据《玄女兵法》等书所记，黄帝有一位大臣名伍胥，他是伍姓的始祖。

余

据《姓氏考略》《风俗通》等书记载，春秋时，有一个叫由余的人在西戎做官，后来投靠秦穆公为臣，其子孙有的姓由，有的姓余。

元

据《姓氏五书》记载，商朝太史元铣是元姓的始祖。又据《通志·氏族略》所记，春秋时卫国大夫元咺食邑于元，其后人以元为姓。

卜

据《通志·氏族略》记载，周朝设有卜卦之官，其后人以官名卜字为姓。

顾

据《通志·氏族略》记载，夏朝时有顾国。夏末顾国被商汤所灭，顾国国君的后代以顾为姓。

顾恺之

顾姓著名后人。字长康，小字虎头，晋陵无锡（今属江苏）人，东晋著名画家。

孟

据《元和姓纂》记载，春秋时期，鲁桓公的次子庆父，称仲孙氏。庆父在鲁国作乱，先后杀死两个国君。引起鲁国上下愤怒，庆父逃到莒国，改仲孙氏为孟孙氏。庆父的子孙先以复姓孟孙为姓，后又改为单姓孟。

平

据《通志·氏族略》记载，战国时，韩哀侯的儿子受封于平邑，韩亡后其子孙以平为姓。

黄

据《百家姓考略》记载，颛顼帝的曾孙陆终受封于黄，建立黄国，其子孙以黄为姓。

［原文］

和穆萧尹 姚邵湛(zhàn)汪 祁毛禹狄 米贝明臧

计伏成戴 谈宋茅庞 熊纪舒屈 项祝董梁

姓氏寻根

和

据《通志·氏族略》记载，帝尧时，掌管天地四时的官是羲和，其后人引以为荣，遂以其祖先名字和为姓。

穆

据《元和姓纂》记载，春秋时，宋国国君宋殇公，为人谦让贤德，死后谥号穆，史称宋穆公，其后世子孙遂以祖先的谥号穆为姓。

娥皇女英

娥皇、女英，四千多年前的舜帝二妃。尧见舜德才兼备，为人正直，办事公道，勤苦耐劳，深得人心，便将其首领的位置禅让给舜，并把两个女儿娥皇、女英嫁给舜为妻。娥皇无子，女英生商均。

萧

据《通志·氏族略》记载，春秋时宋国微子启的后裔萧邑大夫大心，在平息南宫长万叛乱中有功，受封于萧，建立萧国，其子孙以国名萧为姓。

尹

据《通志·氏族略》记载，少昊帝的儿子殷受封于尹城，称尹殷，其子孙遂以尹为姓。

姚

据《通志·氏族略》记载，瞽叟生舜于姚墟。舜继尧后为帝，其子孙以其出生地名姚为姓。

邵

据《氏族博考》记载，春秋时，召与邵本为一姓，后分为二。又据《元和姓纂》所记，周武王封其庶弟姬于召地，称召公。召公的子孙以祖先的封地召为姓。召姓后人中有的在召旁加“阝”旁，表示封邑之意，遂组成邵字，以为姓。

湛

据《姓氏寻源》记载，春秋时居住在湛地的人以湛为姓。又据《百家姓考略》所记，夏朝时期，有斟灌氏国。被灭后，其国人为了避祸，便把斟灌二字去掉斗和藋字，重组成湛字，以为姓。

汪

据《中国姓氏起源》记载，春秋时鲁桓公庶子满，食采于汪，其子孙以汪为姓。又据《元和姓纂》所记，上古时有汪茫氏，其后人以汪为姓。

祁

据《百家姓考略》所载，帝尧复姓伊祁氏，其后人中有的以祁为姓。

毛

据《通志·氏族略》记载，周文王的儿子伯聃，受封于毛邑，其后世子孙以毛为姓。

君臣惕益

禹父鲧，受尧命治理洪水，无功被诛。舜命禹继鲧业，任司空。禹吸取父鲧治水失败的教训，采疏导之法，平水土，归九流。三十娶妻于涂山，三宿而别，后三过家门而不入。禹治水有功，初被封为夏伯，故称“伯禹”。后受舜禅，建立我国历史上第一个王朝——夏朝。

禹

据《通志·氏族略》记载，夏禹的后人以禹为姓。又据《百家姓考略》记载，春秋时有鄅国，其后代以国名为姓，去“阝”旁为禹。

狄

据《广韵》记载，周朝时，在齐、鲁、晋、卫之间有狄族，其后世子孙以狄为姓。又据《百家姓考略》记载，周成王封弟孝伯于狄城，其后代子孙以狄为姓。

米

据《百家姓考略》记载，米姓始出自西域米国，其中有一支系来到中原地区，以米为姓。

贝

据《姓氏考略》记载，周文王的后代召公康封于蓟，其子孙食采于贝丘，其后人以贝为姓。

明

据《百家姓注》所记，燧人氏时代有大臣名明由，明姓自此始。另据《通志·氏族略》记载，春秋时秦国丞相百里奚之子孟明，其后代以明为姓。

臧

据《通志·氏族略》所记，春秋时鲁孝公的儿子驱，受封于臧地，其

子孙以臧为姓。

畜牧封侯

晋献公灭虞，俘虏了虞公及其大夫百里奚。百里奚逃到宛（今河南南阳），被楚国人捉去放牧。秦穆公胸怀大志，却苦于无贤才辅佐，得知百里奚已经逃到楚国，秦穆公于是派使者到楚，用五张公羊皮将他赎回。当七十余岁的百里奚被押回秦国时，秦穆公亲自为他打开桎梏，与他商谈国事。两人一直谈了三天，穆公十分高兴，以百里奚为国相。

计

据《百家姓注》记载，夏禹后人建有计国，亡国后，其后人以计为姓。

伏

据《氏族博考》记载，伏羲氏的后裔以伏为姓。

成

据《通志·氏族略》所记，周武王封其弟叔武于郕，建立郕国。其后人去掉郕的“阝”旁，以成为姓。

戴

据《元和姓纂》记载，春秋时宋戴公的后裔以祖上的谥号戴字为姓。又据《通志·氏族略》所载，春秋时有戴国，其后代子孙以戴为姓。

谈

据《姓苑》记载，殷商亡国后，商的后人受周武王之封，建立宋国。宋国传三十六世有一人名谈居，因其受封于谈而得名，其后世子孙以谈为姓。又据《百家姓考略》记载，周朝有大夫籍谈，其后人以谈为姓。

宋

据《通志·氏族略》记载，周武王灭殷商后，封商后裔微子于商丘，建立宋国。宋国亡后，其王族相约以原国名宋为姓。

茅

据《通志·氏族略》记载，周公旦的儿子叔受封于茅邑，称茅叔，建立茅国，其后人遂以茅为姓。

庞

据《氏族考略》记载，周文王的儿子毕公高的后代，有的人受封庞地，其后人遂以庞为姓。

熊

据《元和姓纂》记载，黄帝建都于有熊，故称有熊氏，其后代有的以熊为姓。

纪

据《通志·氏族略》记载，西周时，炎帝的后裔封于纪，建立纪国，其后人以纪为姓。

舒

据《姓氏考略》所记，周武王封皋陶后代于舒，建立舒国，子爵，世称舒子，其后人以舒为姓。

屈

据《通志·氏族略》记载，春秋时楚武王儿子瑕受封于屈地，其子孙以屈为姓。

项

据《通志·氏族略》记载，春秋时楚公子燕封于项城，建立项国，其后人以项为姓。

祝

据《新唐书·宰相世系表》记载，西周初，周武王分封先代遗民，黄帝的后人封于祝地，建立祝国。其子孙以祝为姓。

应龙

龙是中国神话中的一种能兴云雨、利万物的神异动物，后成为皇权的象征。

董

据《广韵》记载，帝舜时有个叫董父的人善于饲养龙，称豢龙氏，赐他以董为姓，其后人袭用之。又据《姓氏急救篇》所记，春秋时晋国有史官，称董史，其后人以董为姓。

梁

据《通志·氏族略》记载，春秋时周宣王的大夫秦仲有战功。周宣王封其长子为西垂大夫，封其次子康于夏阳梁山，建立梁国，其后代以梁为姓。

[原文]

杜阮蓝闵(mǐn) 席季麻强 贾路娄危 江童颜郭
梅盛林刁 钟徐邱骆 高夏蔡田 樊(fán)胡凌霍

姓氏寻根

杜

据《通志·氏族略》记载，帝尧的后人先封于唐，建唐国，因不服从周朝号令，被周公旦所灭，改封于杜城，其后人以杜为姓。

阮

据《通志·氏族略》记载，商朝时有阮国，其王族以国名为姓。

蓝

据《竹书纪年》记载，梁惠王三年，秦王子向命为蓝国国君，其后人以蓝为姓。又据《百家姓考略》记载：蓝姓“系出芈姓，楚公子亹封于蓝，谓之蓝尹，其后人以蓝为氏”。

闵

据《通志·氏族略》记载，春秋时鲁庄公的儿子当了两年国君就被庆父杀

项 羽

项籍，字羽，下相（今江苏宿迁）人。楚国名将项燕之孙，中国古代起义领袖，人称西楚霸王。

害，谥号闵，称鲁闵公，其后代子孙遂以闵为姓。

席

据《姓苑》记载，春秋时晋国大夫籍谈，是管理典籍的官，其后人以籍为姓。秦末项羽名籍，籍谈的后裔为避项籍之讳，改姓席。

季

据《百家姓考略》记载，春秋时鲁桓公的儿子季友，其后人以季为姓。

麻

据《风俗通》记载：春秋时齐国有一位大夫麻婴，其后人都姓麻。

强

据《百家姓考略》所载，春秋时，齐国大夫公孙彊，其后人以强为姓。古代“强”与“彊”通用。

贾

据《姓苑》记载，西周时，周康王封唐叔虞的少子公明于贾，称贾伯，其后代遂以贾为姓。

路

据《新唐书·宰相世系表》记载，帝喾高辛氏的孙子玄元，因功被封为路中侯，其子孙遂以路为姓。

娄

据《百家姓考略》等书所记，周武王灭商后封少康的后裔东楼公于杞，为杞国。东楼公后裔去掉“楼”字的木旁，以娄为姓。

危

据《潜夫论》等书记载，帝舜时期，在江西鄱阳湖一带有三苗族人居住，因参与丹朱与舜争帝位，帝舜将三苗族迁至甘肃三危山一带，三苗后人遂以危为姓。

江

据《百家姓考略》等书所记，江姓出自嬴姓，颛顼裔孙伯益的后人，

颜真卿

颜姓著名后人。唐代大臣、书法家，家学渊博。颜真卿少时家贫缺纸笔，用笔蘸黄土水在墙上练字。初学褚遂良，后师从张旭得笔法，又汲取初唐四家特点，兼收篆隶和北魏笔意，完成了雄健、宽博的颜体楷书的创作，树立了唐代的楷书典范。

受封于江陵，建立江国。其子孙以江为姓。

童

据《元和姓纂》记载，颛顼之子老童，其子孙以童为姓。

颜

据《姓氏考略》记载，颛顼的后人邾武公，名夷父，字颜，世称颜公，其子孙以颜为姓。又据《通志·氏族略》记载，周公旦的后裔有的受封于颜邑，其子孙遂以颜为姓。

郭

据《百家姓考略》所记，周武王灭商后，封虢仲于东虢，封虢叔于西虢，号曰二虢。后来西虢改号郭，其后人遂以郭为姓。

梅

据《通志·氏族略》所记，殷商时期有梅伯，后被纣王所杀。周武王克商后，封梅伯的后人于黄梅，其后人以梅为姓。

盛

据《通志·氏族略》记载，周穆王时有盛国。春秋时盛国被齐国所灭，盛国国君的后人以盛为姓。

林

据《通志·氏族略》记载，殷纣王无道杀王叔比干，时比干夫人怀孕，逃至长林避难，生子名坚。周武王灭纣后，拜坚为大夫，因其曾居长林，赐为林姓。又一说，周平王有庶子林开，其后人以林为姓。

刁

据《百家姓考略》所记，周文王时有雕国，其后人改雕为刁，以刁为姓。

钟

据《百家姓考略》记载："楚公族钟建封于钟吾，其后人为钟吾，其后人为钟吾氏，或为钟氏。"是为钟姓之始。

徐

据《百家姓考略》等书所记，伯益协助大禹治水有功，禹封其子若木于徐地，若木子孙遂以徐为姓。

邱

据《元和姓纂》《百家姓考略》等书所记，太公望姜尚辅佐周武王有功受封于齐，建齐国，都营邱。后来齐国迁都临淄，姜太公的一支子孙留在营邱，以邱为姓。

吕尚磻溪垂钓

吕尚，名望，字子牙，先后辅佐了六位周王，因是齐国始祖而称"太公望"，俗称姜太公。西周初年，被周文王封为"太师"（武官名），辅佐文王，与谋"翦商"。

骆

据《姓谱》等书记载，姜太公的裔孙公子骆，他的子孙以骆为姓。

高

据《百家姓考略》《广韵》等书记载，姜太公的裔孙齐文公之子受封于高地，世称公子高，其子孙以高为姓。

夏

据《通志·氏族略》等书所记，周武王克商后，封夏禹的后裔东楼公于杞，建杞国。夏禹的另一部分后裔没有得到封地，他们大多以夏为姓。

蔡

据《百家姓考略》记载，周文王的儿子叔度受封于蔡，称蔡叔度，其子孙以蔡为姓。

田

据《通志·氏族略》记载，上古时代，田、陈音相近，可以互换称呼，姓田也可称姓陈。又据《左传》《史记》等书记载：田氏即陈氏，陈厉公子

完，字敬仲，陈宣公杀其太子御寇，敬仲惧祸奔齐，改姓田。后来，敬仲的后人田和推翻姜姓齐国，称齐太公，史称田齐。

樊

据《通志・氏族略》记载，周文王的后裔仲山甫在周宣王时代任卿士，受封于樊地，其子孙以樊为姓。

胡

据《元和姓纂》记载，西周初期，周武王封舜的后裔胡公满于陈，建立陈国。陈国亡后，其公族中有一部分人以祖名胡字为姓。

凌

据《通志・氏族略》记载，周文王之子康叔封于卫，建立卫国。康叔的庶出子在周朝做官，位至凌人（官名），其后人以祖上的官名凌字为姓。

霍

据《百家姓考略》记载，周文王的儿子霍叔的后人以霍为姓。

［原文］

虞万支柯 昝(zǎn)管卢莫 经房裘缪(miù) 干解应宗
丁宣贲(bēn)邓 郁单杭洪 包诸左石 崔吉钮龚

姓氏寻根

虞

据《通志・氏族略》所记，舜帝的儿子商均受封于虞城，其后代子孙以虞为姓。又据《百家姓考略》记载，周太王的次子仲雍的庶孙封于虞，其后人以虞为姓。

万

据《通志・氏族略》等书记载，春秋时，晋国大夫毕万的后人以祖上的万字为姓。

支

据《姓氏考略》所记，尧舜时代有个名叫支父的人，其后代以支为姓。

柯

据《百家姓考略》所记，春秋时吴王有个儿子名柯卢，其子孙以柯为姓。

咎

据《百家姓考略》等书所记，昝姓出自咎姓。但因咎字有灾祸之意，如《尚书·大禹谟》有“天降之咎”之句。人们以为咎字不吉利，于是在咎字的“口”上加一横，变成昝，以昝为姓。

虞 姬

虞姬为西楚霸王项羽爱姬，常随项羽出征。楚汉相争后期，项羽趋于败局，于公元前202年，被汉军围困垓下（今安徽省灵璧县南），兵少粮尽，夜闻四面楚歌，哀大势已去，随侍在侧的虞姬，怆然拔剑起舞，并以歌和之：“汉兵已略地，四方楚歌声；大王意气尽，贱妾何聊生。”歌罢自刎。虞姬如此大义凛然、忠于爱情，人民至今传颂不已。

管

据《通志·氏族略》记载，西周初，周武王封其弟叔鲜于管，建立管国，世称管叔鲜，其后人遂为管为姓。

卢

据《通志·氏族略》记载，姜太公的裔孙，受封于卢，其后人以卢为姓。

莫

据《百家姓考略》《三郡记》等书中所记，莫姓出自高阳氏，是颛顼之后。颛顼尝造“鄚阳城”，其后人去掉“鄚”字的“阝”旁，以莫为姓。

经

据《百家姓考略》所记，春秋时郑武公之子叔段受封于京，世称京叔段。传至汉代有一位叫京房的人因事死于狱中，其后人因避祸改京姓为经姓。又据《说苑》记载，春秋时，魏有经侯，其后代皆姓经。

房

据《百家姓考略》记载，帝舜封尧的儿子丹朱于房，建立房国，其后人遂以房为姓。

裘

据《通志·氏族略》等书记载，春秋时卫国有一位大夫受封于裘地，其子孙遂以裘为姓。

缪

据《元和姓纂》《通志·氏族略》等书记载，缪姓为秦穆公的后代。古时缪、穆音同，秦穆公亦称秦缪公，故其一部分子孙以缪为姓。

干

据《百家姓考略》记载，春秋时，宋国有一位大夫名字叫干犨，其子孙遂以干为姓。

解

据《通志·氏族略》记载，西周初，周武王封儿子叔虞于唐，称唐叔虞。唐叔虞的儿子名良，食采于解，称解良，其子孙以解为姓。

应

据《百家姓考略》所记，周武王封第四子于应，建应国，称应侯。其后人遂以应为姓。

宗

据《通志·氏族略》所记，周朝设有掌管国家祭祀典礼之官，称宗伯，其后人以祖先官名宗为姓。

丁

据《通志·氏族略》记载，西周初，姜太公的儿子吕伋，死后谥号丁公，其子孙遂以丁为姓。

宣

据《风俗通义》记载，西周时，周厉王的儿子姬静，继承父位为君王。他死后谥号“宣”，是为周宣王。周宣王的一支子孙以祖上的谥号宣为姓。

贲

据《元和姓纂》记载，春秋时鲁国有贵族名县贲父，其后人以贲为姓。

邓

据《百家姓考略》记载，殷王武丁封叔父曼季于邓，其后人以邓为姓。又据《通志·氏族略》所记，殷商时有邓国，为侯爵，称邓侯。其子孙以邓为姓。

郁

据《姓考》记载，古代有郁国，春秋时为吴大夫的封地，其后人以郁为姓。又据《元和姓纂》记载，春秋时鲁国有宰相郁黄（一名郁贡），其后世子孙皆姓郁。

伍子胥一战入郢

申包胥，春秋时楚国大夫，原与伍子胥友善。楚平王七年（前 522），伍子胥因父冤案逃离楚国，途遇申包胥道："我必覆楚。"申包胥答曰："子能覆之，我必能兴之。"

单

据《姓氏考略》记载，西周初，周成王封其少子臻于单邑，称单伯，其子孙以单为姓。

杭

据《百家姓考略》等书所记，大禹治水以后，留下许多船只，禹王让他的儿子管理这些剩余的航船，封为余航国。其后人改航为杭，以杭为姓。

洪

据《元和姓纂》记载，上古时炎帝的子孙共工氏，为避仇，又为有水德，共字加水旁，遂以洪为姓。

包

据《百家姓考略》所记，春秋时，楚国有一位大夫申包胥，其子孙以祖上名字中的包字为姓。

诸

据《姓苑》所记，春秋时，鲁国有诸邑，在诸邑任官职受俸禄的大夫的子孙以诸为姓。又据《百家姓考略》所记，越王勾践的后人无诸在汉初

崔子玉

《列仙全传》中记述:“崔子玉，名珏，蕲州彭城人，人称为崔府君，以其昼理阳间，夜断阴府也。”

因功受封为闽越王，其后人以诸为姓。

左

据《元和姓纂》记载，周朝和各诸侯国设置有左史官，如周穆王有左史戎夫，楚威王有左史倚相，他们的后人则以祖上官职左字为姓。

石

据《百家姓考略》记载，春秋时卫国公族大夫名石碏，其后人以石为姓。

崔

据《百家姓考略》等书记载，齐国齐丁公之子季子以崔地为领地，其后人遂以崔为姓。

吉

据《百家姓考略》《元和姓纂》等书记载，周宣王时，有大臣尹吉甫，战功卓著，其后人以祖上名字中的吉字为姓。

钮

钮姓世系不详。据《通志・氏族略》等书所记，东晋有钮滔，一般认为是钮姓之祖。

龚

据《百家姓考略》等书记载，黄帝时有大臣名共工，负责管理水土。共工的儿子名句龙，继任父亲职务，他的后人遂把共字和龙字合在一起，组成龚字以为姓。

[原文]

程嵇(jī)邢滑 裴陆荣翁 荀羊於惠 甄(zhēn)诎(qū)家封
芮(ruì)羿储靳(jìn) 汲(jí)邴糜松 井段富巫 乌焦巴弓

程

据《百家姓考略》等书记载，颛顼之孙重黎为司火之官，受封于程地，称程伯，其后人以程为姓。

嵇

据《百家姓考略》《姓谱》等书记载，夏朝少康帝封其庶子于会稽，称会稽氏。西汉初，迁徙列国公族大姓，会稽氏迁至谯郡嵇山，会稽氏遂改为嵇姓。

嵇 康

嵇姓著名后人。魏晋著名思想家、文学家、音乐家，出类拔萃的“竹林七贤”第一人。与魏宗室通婚，拜中散大夫，世称嵇中散。生活于魏晋易代之际。政治上倾向曹氏集团，对司马氏采取不合作的态度，又锋芒毕露，直接触犯了假借礼法图谋篡魏的司马氏集团，最终被司马昭以“乱群惑众”的罪名杀害。临刑前，奏《广陵散》一曲，从容赴死。

邢

据《元和姓纂》记载，周公旦第四子封于邢，立邢国，其后人以邢为姓。

滑

据《通志·氏族略》所记，古代有滑国，后来被晋所灭，其公族子孙以滑为姓。又据《百家姓考略》，滑姓“系出姬姓，滑国之后”。

裴

据《百家姓考略》等书所记，裴姓系出嬴姓。伯益之裔孙受封于蜚，其后人去邑从衣，改蜚字为裴字，并以裴为姓。

陆

据《新唐书·宰相世系表》记载，齐宣王的小儿子田通，封于陆邑，其子孙以陆为姓。

荣

据《百家姓考略》等书记载，周文王大夫夷公受封于荣邑，称荣夷公，其后代以荣为姓。又据《通志·氏族略》所记，周成王时，有卿士封于荣，其后人以荣为姓。

翁

据《百家姓考略》记载，周昭王庶子受封于翁山，其后人以翁为姓。又一说，夏朝初期，有贵族名叫翁难乙，他是翁姓的最早祖先。

荀

据《元和姓纂》等书所记，周文王的一个儿子受封于郇，建立郇国，称郇伯。其子孙改郇为荀，以荀为姓。

羊

据《通志·氏族略》《百家姓考略》等书记载，羊姓出于祁姓。春秋时，晋国大夫祁盈受封于羊知，称羊舌氏，其后人去掉舌字，以羊为姓。

於

据《世本》记载，黄帝时有一位大臣因有功受封于於，遂名於则，其子孙以於为姓。

羊 祜

羊姓著名后人。西晋著名的战略家。羊祜做官，不谋财求官，一心为了社稷和黎民。晋廷封羊祜为南城侯，他固不接受，“祜每拜官爵，常复避让，至心素著，故特见申于分列之外。”死时正值大寒节气，晋皇司马炎哭泣不止，以致胡须都冻成冰棒。其死后，又每每怀念。

惠

据《百家姓考略》《元和姓纂》记载，周惠王的后代子孙，以祖上的谥号惠字为姓。

甄

据《百家姓考略》《元和姓纂》记载，皋陶的次子仲甄在夏朝为卿，受封于甄，其子孙遂以甄为姓。

曲

据《百家姓考略》等书记载，西周初，朝廷中有官职曲人，是管理酿酒的官员，其后世子孙以祖上官名曲字为姓。

家

据《百家姓考略》等书记载，周考王的一个儿子名家父，其后世子孙以家为姓。

封

据《姓苑》等书所记，炎帝裔孙名钜，为黄帝师，夏朝时封其后代于封父，其子孙遂以封为姓。

芮

据《百家姓考略》记载，西周初，周武王封姬姓司徒于芮，建立芮国，称芮伯，其后人以芮为姓。

羿

据《百家姓考略》等书所记，夏代有穷氏的首领后羿的子孙以羿为姓。

羿焉骅日，乌焉解羽

《天问》中说："羿焉骅日？乌焉解羽？"意思为："后羿在哪儿射了太阳？何处落下了金乌羽毛？"羿，古代传说中的善射者。骅，射。这个神话传说也见于《淮南子·本经训》。

储

据《百家姓溯源》记载，上古时有储国，储国公族的后代以储为姓。又据《风俗通》所记，春秋时，齐国有一位大夫储子，其后世子孙以储为姓。

靳

据《风俗通》记载，战国时，楚怀王有侍臣名尚，受封于靳江，称靳尚，其子孙以靳为姓。

汲

据《通志·氏族略》等书记载，汲姓出自姬姓。春秋时，周文王的后人康叔封于卫，建立卫国。卫宣公的太子居于汲，称太子汲，其后世子孙以汲为姓。

邴

据《通志·氏族略》记载，春秋时，晋国大夫邴豫封于邴，其后人以邴为姓。

糜

据《百家姓考略》记载，糜与“夏同姓，诸侯有糜之后”。又一说，糜姓起源于夏代，当时有人以种植粮食作物“糜子”闻名于世，其后人以糜为姓。

松

据《元和姓纂》记载，秦始皇巡幸泰山遇雨，避雨于松树下，封此松树为“五大夫松”。同时避雨的人以松为姓。

井

据《通志·氏族略》记载，周朝大夫井利的后人以井为姓。又据《百家姓考略》所记，春秋时，虞国有人受封于井邑，称井伯，其后代以井为姓。

段

据《元和姓纂》记载，春秋时，郑武公之子、郑庄公之弟，称共叔段，其子孙有的姓共，有的姓段。又据《史记》记载，道家始祖老子李聃的后世子孙，有的在鲁国为卿，食采于段，其后人以段为姓。

老 子

老子又称老聃。传说中，老子一生下来，就具有白色的眉毛及胡子，所以被后人称为老子。著有《道德经》，是道家学派的始祖。

富

据《通志·氏族略》记载，周朝大夫富辰，其子孙以富为姓。又据《元和姓纂》所记，春秋时鲁国有富父氏，其后人以富为姓。

巫

据《百家姓考略》记载，商代有大臣巫咸，其子孙以巫为姓。

乌

据《百家姓考略》记载，上古少昊氏以乌名任命官职，有掌管高山丘陵的乌鸟氏，其后人以乌为姓。

焦

据《通志·氏族略》所记，西周初，周武王封神农氏的后代子孙于焦，建立焦国，其后人以焦为姓。

巴

据《通志·氏族略》所记，周朝时，在四川东部地区有巴子国，巴子国君后代以巴为姓。

弓

据《姓氏考略》记载，上古时主管制造弓弩的官叫弓正，其子孙以弓为姓。

［原文］

牧隗山谷 车侯宓(mì)蓬 全郗(xī)班仰 秋仲伊宫
宁仇栾暴 甘钭(dǒu)厉戎 祖武符刘 景詹束龙

姓氏寻根

牧

据《通志·氏族略》记载："牧氏，黄帝相力牧之后。"此说法，亦见《百家姓考略》。这是牧姓之始。

山涛

山姓著名后人。竹林七贤之一。字巨源，晋代吏部尚书。山涛好老庄学说，与嵇康、阮籍等交游。山涛为人小心谨慎，在竹林七贤中年龄最大，投靠司马氏，仕途平步青云。

隗

据《百家姓考略》所记，商汤灭夏桀之后，封夏桀后人于隗，建立隗国，其后人以隗为姓。

山

据《广韵》所记，周朝置有掌管山林之官，其后人以山为姓。

谷

据《通志·氏族略》记载，周朝封颛顼后裔于秦谷，其后代遂以谷为姓。

车

据《世本》所记，黄帝时有大臣名字叫车区，为车姓的始祖。又据《百

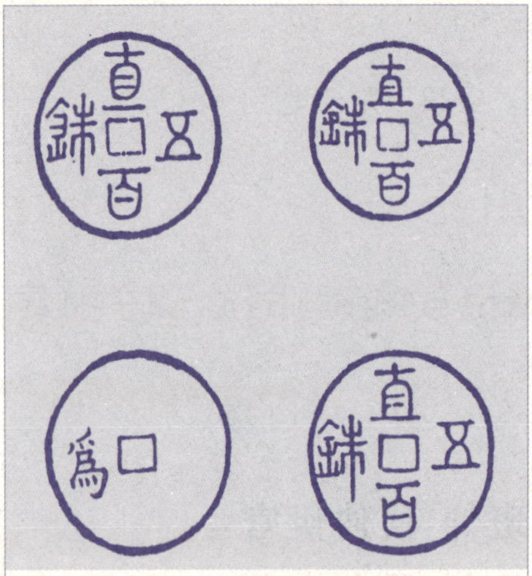
直百五铢钱

家姓考略》记载，车姓出自子车氏。春秋时，秦国公族有子车仲行，其后人以车为姓。

侯

据《姓氏考略》等书记载，西周初，封夏侯氏后裔于侯，建立侯国，其子孙以侯为姓。

宓

据《百家姓考略》记载，宓出自太昊氏。上古时伏羲亦作宓羲，伏与宓音同。宓姓乃伏羲氏之后代。

蓬

据《万姓统谱》《百家姓考略》等书记载，西周初，君主的支庶子孙有的被封于蓬州，其后代遂以蓬为姓。

全

据《百家姓考略》等书记载，西周设置有官泉府掌管钱财。古时泉即钱财。其时泉府官的后人以泉为姓。泉与全音同，遂改为全姓。又据《姓氏考略》，古有全地，居住在全地的人以全为姓。

郗

据《姓氏考略》《百家姓考略》等书记载，西周初，周武王封少昊氏的后裔于郗，其子孙遂以郗为姓。

班

据《百家姓考略》记载，楚令尹子文，小时候被弃于野外，吃虎乳长大，因虎身有斑纹，其后人以斑为姓，后又改为班姓。

仰

据《吕氏春秋》《姓氏考略》记载，虞舜帝时代，有一位大臣名仰延，其后人以仰为姓。

秋

据《百家姓考略》记载，春秋时鲁国大夫仲孙湫，其裔孙名胡，世称湫胡，湫胡的支庶子孙去掉湫字的水旁，以秋为姓。

帝尧

仲

据《元和姓纂》所记，黄帝后裔高辛氏中有两个叫仲堪、仲熊的人，其后世子孙以仲为姓。

伊

据《百家姓考略》记载，帝尧生于伊水，姓伊祁氏，其后人遂以伊为姓。

宫

据《古今姓氏书辨证》记载，西周时，朝廷中有专管宫廷修缮、清理环境的职务，名为宫人，其后代遂以宫为姓。

宁

据《元和姓纂》记载，春秋时，秦国秦襄公的曾孙死后，谥号宁，称宁公，其子孙以宁为姓。又据《姓氏考略》所记，卫国卫成公的儿子受封于宁邑，其后世子孙遂以祖上的封邑宁字为姓。

仇

据《百家姓考略》等书所记，夏代有诸侯九吾氏。商代建立九国，侯爵。商代末年，纣王杀九侯，其族人为避祸加人字旁，改九为仇，以仇为姓。

栾

据《世本》等书所记，春秋时，晋靖侯的孙子宾，受封于栾邑，其后代遂以栾为姓。

暴

据《风俗通》等书所记，商朝时有暴国，为公爵。到周朝暴国仍为诸侯国，后并入郑国。暴国的后人以暴为姓。

甘

据《通志·氏族略》记载，夏朝时有甘国，其国君家族以国名甘为姓。

钭

据《百家姓考略》等书所记，战国时，田和篡齐，齐康公被迁于海上，居洞穴，吃野菜，以钭（酒器）当锅，烹煮食物。其支庶子孙遂以钭为姓。

厉

据《风俗通》所记，西周时，齐国君主姜无忌去世，谥号“厉”，称齐厉公，其支庶子孙以厉为姓。

祖逖闻鸡起舞

祖逖是祖姓著名后人。东晋初致力北伐的大将。祖逖年轻的时候并不上进，一次，半夜里祖逖在睡梦中听到公鸡鸣叫，便想：“别人都认为半夜听见鸡叫不吉利，我偏不这样想，干脆以后听见鸡叫就起床练剑。”于是他每天鸡叫后就起床练剑，从不间断。经过长期的刻苦学习和训练，祖逖后被朝廷封为镇西将军，实现了他报效国家的愿望。

戎

据《百家姓考略》记载，周朝时有戎国，为齐国的附庸，其公族以戎为姓。

祖

据《通志·氏族略》记载，商汤的裔孙有祖乙、祖辛、祖丁、祖庚、祖甲，都先后为商王，他们的子孙以祖为姓。

武

据《元和姓纂》所记，周平王的小儿子，生下来手上有“武”字手纹，遂赐姓武。又据《风俗通》记载，春秋时，宋武公的后代以其谥号武为姓。

符

据《元和姓纂》记载，春秋时，鲁顷公的孙子雅，在秦国任符玺令，其子孙遂以符为姓。

刘

据《通志·氏族略》记载，帝尧陶唐氏的后人，有的被封于刘地，其后人遂以刘为姓。

景

据《百家姓考略》所记，春秋时，楚国有大夫景差，其后人皆姓景。又据《姓氏考略》所记，战国时，齐景公之后人以景为姓。

龙

詹

据《姓苑》《百家姓考略》等书记载，周宣王封其支庶子孙于詹，建立詹国，其后人以詹为姓。

束

据《百家姓考略》记载，束姓出自田姓。战国时，齐国有踈族，其后人去掉足旁，以束为姓。

龙

据《通志·氏族略》记载，黄帝裔孙董父好畜龙，赐为豢龙氏，其后人以龙为姓。

［原文］

叶幸司韶 郜黎蓟(jì)薄 印宿白怀 蒲邰从鄂

索咸籍赖 卓蔺屠蒙(méng) 池乔阴郁 胥(xū)能苍双

姓氏寻根

叶

据《百家姓考略》等书记载，春秋时，楚庄王裔孙沈诸梁封于叶，建叶国，公爵，世称叶公，其子孙以叶为姓。

幸

据《姓氏五书》所记，古代君王身边有幸臣，其子孙引以为荣，遂以幸为姓。

司

据《百家姓考略》记载，春秋时，郑国有大夫名司成，其子孙皆姓司。

韶

据《姓氏考略》所记，帝舜时有乐官，作曲名《韶》，时称韶乐。乐官的子孙遂以祖上创作的乐曲名韶为姓。

郜

据《通志·氏族略》所记，周文王的一个儿子封于郜，其后人以郜为姓。

黎

据《元和姓纂》记载，黄帝后裔颛顼的孙子封于黎阳，建立黎国，其子孙以黎为姓。

蓟

据《姓氏考略》等书所记，西周初，周武王封黄帝的后人于蓟，建立蓟国，其后人以蓟为姓。

薄

据《百家姓考略》记载，薄姓系出古薄姑氏。又一说，春秋时，宋国有一位大夫受封于薄，其子孙遂以薄为姓。

印

据《广韵》《百家姓考略》等书所记，郑穆公的儿子字子印，其子孙在郑国为大夫，以祖上的字印为姓。

宿

据《姓氏考略》所记，西周初，周武王封伏羲氏的后人于宿，建立宿国，其后世子孙以宿为姓。

白

据《百家姓考略》所记，春秋时，秦文公的儿子名公子白，其后代以白为姓。又据《元和姓纂》记载，春秋时，秦国的名臣百里奚有一个孙子叫白乙丙，其后人以白为姓。

怀

据《路史》所记，春秋时，宋国微子启的后代皆姓怀。又据《百家姓考略》记载，西周初，周武王封其弟叔虞于怀，后又改封于晋，叔虞的后人有一支以怀为姓。

杨志索超比武

索超，索姓著名后人。梁山第十九条好汉，排马军八虎骑兼先锋使第四。原是大名府梁中书手下的正牌军。杨志杀人被发配到大名府，索超挥动大斧和杨志大战五十几个回合不分胜负。

蒲

据《百家姓考略》记载，夏代封帝舜的后裔于州蒲，其子孙以蒲为姓。

邰

据《百家姓考略》记载，帝尧封后稷于邰，其子孙以邰为姓。

从

据《元和姓纂》记载，周平王封少子精英于枞，建枞国，称枞侯，其后人改枞为从，以从为姓。

鄂

据《百家姓考略》所记，春秋时，晋侯光居于鄂，其子孙以鄂为姓。又据《姓氏考略》所记，楚王子封于鄂，称鄂王，其子孙以鄂为姓。

索

据《姓氏考略》等书所记，索姓出自子姓，是商汤王的后裔。西周初，周武王把殷商七族中的索氏迁于鲁定居，其后人皆姓索。

咸

据《姓苑》所记，商朝时有掌卜祝巫事的大臣，称咸巫，其后代以咸为姓。

籍

据《通志·氏族略》所记，春秋时，晋大夫荀林父之孙负责管理典籍文献，其后代以籍为姓。

赖

据《风俗通》所记，西周初，周武王封炎帝后裔于赖，建立赖国，其后人以赖为姓。

卓

据《战国策》所记，春秋时，楚威王有个儿子名公子卓，其后代以卓为姓。

蔺

据《通志·氏族略》记载，春秋时，晋穆公的少子封于韩，建立韩国。传至韩厥，其玄孙名康，仕于赵国，受封于蔺，其子孙遂以蔺为姓。

屠

据《百家姓考略》记载，商王族后裔封于鄏，建立鄏国，其后人去掉“阝”旁，以屠为姓。

蒙

据《元和姓纂》记载，夏朝初，封颛顼之后人于蒙双，其子孙遂以蒙为姓。

池

据《百家姓考略》记载，战国时，秦王族公子池，其子孙以池为姓。又据《风俗通》所记，春秋时，城邑有城墙，墙外有护城河，称为池，居于池畔的人家便以池为姓。

管仲

乔

据《通志·氏族略》等书所记，黄帝逝世后葬于桥山（今陕西黄陵县），守陵人遂以山名桥字为姓，后人又简化为乔。

阴

据《通志·氏族略》所记，管仲的裔孙名修，仕于楚国，封为阴大夫，世称阴修，其子孙以阴为姓。

郁

据《姓苑》记载，古有郁国，为吴大夫封地，其公族以郁为姓。又据《百家姓考略》所记，郁姓“出自郁林氏，楚伐郁林，迁其民于郢，为郁氏”。

胥

据《通志·氏族略》所记，春秋时，晋国大夫胥臣，他的后代以胥为姓。

能

据《百家姓考略》《姓苑》等书记载，能姓出自熊姓。西周初，周成王有大臣熊绎，因功受封，开始建立楚国。熊绎的儿子熊挚被封于夔，建夔国，后来被灭。其国人为避难，改熊为能，以能为姓。

苍

据《风俗通》记载，黄帝之孙颛顼的长子名苍舒，其子孙以苍为姓。

双

据《百家姓考略》等书记载，颛顼的裔孙受封于双蒙城，其子孙后代以双为胜。

［原文］

闻莘党翟 谭贡劳逄(páng) 姬申扶堵 冉宰郦雍

舄(xì)璩(qú)桑桂 濮(pú)牛寿通 边扈燕冀 郏浦尚农

姓氏寻根

闻

据《风俗通》等书所记，闻姓出自闻人氏。春秋时，鲁国有一位名人少正卯，很有学问，但他的主张与孔子不合。后来，孔子在鲁国任大司寇时杀了少正卯。因少正卯是当时闻名的人，其后代便以“闻人”二字为姓，其后一部分子孙又改姓闻。

莘

据《百家姓考略》记载，夏王启封帝喾高辛氏之子挚于莘地，其子孙遂以莘为姓。

诛少正卯

鲁定公十一年（前 499），孔子 53 岁，由大司寇摄行相事，第七天，就在两观台下诛杀了乱政大夫少正卯，因他心逆而险，行僻而坚，言伪而辨，记丑而博，顺非而泽，不可赦免。

党

据《百家姓考略》记载，党姓出自夏后氏。夏禹后裔世居党项，遂以党为姓。

翟

据《百家姓考略》所记，黄帝的后裔居于翟地，遂以翟为姓。

谭

据《姓谱》《百家姓考略》所记，周朝封颛顼之后人于谭，建立谭国，其公族子孙遂以谭为姓。

贡

据《百家姓考略》等书所记，春秋时，孔子的弟子子贡的后人，有一部分人以贡为姓。

劳

据《姓谱》《百家姓考略》等书所记，现在山东青岛市之东有崂山，古称劳山。西汉初，劳山人始与内地相通。汉王朝便赐劳山之居民以劳为姓。

逄

据《百家姓考略》等书记载，炎帝裔孙名字叫陵，商朝时受封于逄，建立逄国，伯爵，世称逄伯陵。其后人以逄为姓。

姬

据《帝王世纪》《百家姓考略》等书记载，黄帝出生于姬水，遂以姬为

姓。周朝王族是黄帝后裔，姬姓之始。

申

据《元和姓纂》等书记载，炎帝后裔中有人受封于申地，建立申国，伯爵，世称申伯吕，其后人以申为姓。

扶

据《路史》所记，夏禹王时有臣扶登氏，其子孙以扶为姓。

堵

据《百家姓考略》等书所记，春秋时，郑国大夫泄寇被封于堵邑，其后人以堵为姓。

冉

据《百家姓考略》记载，西周初，周文王少子季载受封于郍，称郍季载，其后代去掉郍字的“阝”旁，以冉为姓。

宰

据《百家姓考略》记载，宰姓系出姬姓。周朝大夫宰孔，其后人以宰为姓。

郦

据《元和姓纂》所记，夏禹王封黄帝后人于郦邑，建立郦国。其后代遂以郦为姓。

雍

据《通志·氏族略》所记，西周初，周文王子被封于雍，伯爵，称雍伯。其后人以雍为姓。

舄

据《古今姓氏书辨证》记载，春秋时，晋国公族叔虎在征战中立功，晋献公把舄邑封给他，建立舄国，子爵，称舄子。其后人以舄为姓。

璩

据《姓氏考略》记载，璩与镰通用，是指用金银制的耳环，最早制作璩（耳环）的人，其子孙遂以璩为姓。

桑

据《通志·氏族略》所记，春秋时，秦国公族公孙枝，字子桑，其后世子孙以其字桑为姓。

桂

据《桂氏家乘序》记载，周朝王族后裔姬季桢在秦国任博士。秦始皇焚书坑儒时季桢被杀。其弟季眭为避祸，以自己名字眭的同音字桂为子孙之姓。

濮

据《路史》记载，虞舜的子孙封于濮地，其后人以濮为姓。又据《姓苑》所记，春秋时，卫国有一位大夫受封于濮地，其子孙遂以濮为姓。

一丈青扈三娘

扈三娘是梁山第一女将，武艺高强，一对日月双刀神出鬼没，更有阵前用绳套捉人的绝技。

牛

据《通志·氏族略》所记，商汤的后人，宋微子的裔孙名叫牛父，在宋国为官，为保卫宋国战死，其子孙便以牛字为姓。

寿

据《史记》《风俗通》记载，春秋时，有吴王寿梦，其子孙以寿为姓。

通

据《元和姓纂》等书所记，春秋时，巴国有大夫封于通川，其子孙遂以通为姓。

边

据《元和姓纂》记载，商代时有边国，伯爵，称边伯，其子孙皆姓边。

扈

据《百家姓考略》记载，夏朝时有扈国，其公族以扈为姓。

燕

据《通志·氏族略》所记，商朝封黄帝后裔伯鯈于燕，其后人以燕为姓。又据《百家姓考略》所记，西周初，周武王封召公姬奭于燕，建立燕国，其子孙以燕为姓。

冀

据《元和姓纂》记载，春秋时，晋国大夫受封于冀，其子孙遂以冀为姓。

郏

据《元和姓纂》记载，周朝王族后裔，有的人定居于郏，遂以郏为姓。

浦

据《百家姓考略》等书记载，姜太公的后裔晋国大夫浦跞，其后人以浦为姓。

尚

据《万姓统谱》等书所记，姜太公名尚，辅佐周武王灭商有功，受封于齐。姜太公在周朝为太师，称太师尚父，或简称尚父，他的后世子孙便以他的名字尚为姓。

农

据《风俗通》记载，西周初，封神农氏后裔任农正官，管理农业生产，其后人遂以农为姓。

［原文］

温别庄晏(yàn) 柴瞿(qú)阎充 慕连茹习 宦艾鱼容

向古易慎 戈廖庚终 暨(jì)居衡步 都耿满弘

姓氏寻根

温

据《元和姓纂》记载，西周初，周武王封其子叔虞于唐，称唐叔虞。唐叔虞的后人中的一支受封于温地，这一支人以温为姓。

柴 绍

柴姓著名后人。字嗣昌，晋州临汾（今山西临汾）人，唐朝大将，凌烟阁二十四功臣之一。

别

据《百家姓考略》记载："古诸侯卿大夫长子，世为宗子。宗子之次子，世为小宗。小宗之次子为别子。"按古代宗法制度，别子不能姓祖父之姓，有的人就以别为姓。

庄

据《姓氏考略》记载，春秋时，楚庄王的支庶子孙以祖上谥号庄为姓。

晏

据《百家姓考略》记载，晏姓系出陆终氏，陆终的儿子晏安，其后人以晏为姓。

柴

据《通志·氏族略》记载，西周初，周武王封姜太公于齐，建立齐国。齐国公族本为姜姓，但其后世裔孙有一人名高柴。高柴的孙子字举，他以其祖父的柴字为姓，名柴举，其后人皆以柴为姓。

瞿

据《百家姓考略》所记，商朝有个大夫因受封于瞿上，从而名瞿父，其子孙遂以瞿为姓。

阎

据《新唐书·宰相世系表》所记，西周初，周武王封太伯曾孙仲奕于阎乡，仲奕的后代遂以阎为姓。

充

据《姓谱》所记，周朝官制中有充人一职。充人是管饲养祭祀用牲畜的官，其后代以充为姓。

慕

据《路史》所记，帝喾的后裔中有慕容氏，慕容氏的后人中有的以慕

为姓。

连

据《姓氏考略》所记，颛顼曾孙陆终的儿子名惠连，其后代以连为姓。

茹

据《百家姓考略》记载，茹姓出自如姓，汉代有人名如淳，其后人加草头，遂成茹，以茹为姓。

习

据《风俗通》所记，古代有习国，习国灭后，其公族以习为姓。

宦

据《姓氏五书》记载，宦姓“当取意于仕宦，不以阉宦为姓，今贵州遵义县有此姓，江苏丹阳亦多”。据此可知，宦姓出自官宦的后代。

艾

据《通志·氏族略》记载，艾氏为“夏少康臣汝艾之后”。据此可知，夏朝少康帝时，有一位大臣汝艾，其子孙以艾为姓。

鱼

据《百家姓考略》记载，鱼姓“系出子姓，宋司马子鱼之后，以父王字为氏”。这是鱼姓之始。

容

据《通志·氏族略》所记，虞舜的后裔，有一人名叫仲容，其子孙以容为姓。

向

据《姓氏考略》记载，春秋时，宋桓公有子，字向父，其后代以向为姓。

楚白贞姬

白公胜，春秋末期楚国大夫，楚平王嫡孙，曾携全家出逃至郑。不久，其父为郑人所杀，又由郑入吴，侨居30余年。楚惠王时返楚。封在白地，号白公。贞姬，楚白公胜之妻。《列女传·楚白贞姬》：“白公胜死，其妻纺绩不嫁…… 吴王贤其守节有义，号曰‘贞姬’。”

古

据《风俗通》所记，周朝周太王古公亶父的后人以古为姓。

易

据《姓氏考略》所记，春秋时，齐桓公有宠臣雍巫，人称易牙。此人精于烹调技术，其后人以易为姓。

慎

据《百家姓考略》等书所记，春秋时，楚国白公胜的后人受封于慎邑，其子孙遂以慎为姓。

戈

据《姓谱》记载，夏朝时，封同姓人于戈，其后人遂以戈为姓。

廖

据《百家姓考略》等书记载，商朝时封黄帝的后人叔安于廖，其子孙遂以廖为姓。

庾

据《百家姓考略》《元和姓纂》等书记载，周朝时置有庾廪之官（保管粮食），其子孙以庾为姓。

终

据《元和姓纂》等书记载，颛顼的裔孙陆终，其后人以终为姓。

暨

据《姓考》等书记载，颛顼帝的后裔陆终的儿子名篯，受封于大彭，为大彭氏。在商代，大彭的后人有的受封于诸暨，其后人，有的姓诸，有的姓暨。

居

据《百家姓考略》等书记载，晋国大夫先且居的后人，有的以居为姓。

衡

据《通志·氏族略》等书所记，商汤的丞相伊尹在商朝建立后，被尊

伊尹

称为“阿衡”，伊尹的后人有的以衡为姓。

步

据《百家姓考略》记载，晋国大夫郄步扬的后人，有的以步为姓。

都

据《百家姓考略》《通鉴》等书记载，春秋时，郑国大夫公孙阏，字子都，他是美男子，又是勇士，很有名。其后人有的以都为姓。

耿

据《通志·氏族略》《百家姓考略》等书记载，商代时有耿国，周朝封同姓人于耿，耿为诸侯国，耿国灭后，其公族以耿为姓。

满

据《姓氏考略》所记，帝舜的裔孙胡公满的后人，有的以满为姓。

弘

据《元和姓纂》《风俗通》等书记载，春秋时，卫国有大夫名弘演，其子孙以弘为姓。

[原文]

匡国文寇 广禄阙(què)东 欧殳(shū)沃利 蔚越夔(kuí)隆

师巩厍(shè)聂 晁勺(sháo)敖融 冷訾(zǐ)辛阚(kàn) 那简饶空

姓氏寻根

匡

据《风俗通》《姓氏辨正》等书记载，春秋时，鲁国的句须任匡邑宰，其子孙遂以匡为姓。

国

据《元和姓纂》《百家姓考略》等书所记，春秋时，郑穆公的儿子公子

寇准

寇姓著名后人。字平仲，北宋政治家、诗人。宋太宗太平兴国五年（980）进士。宋真宗时，曾任同中书门下平章事。景德元年（1004），辽军大举侵宋，寇准力主抵抗，并促使真宗渡河亲征，与辽立澶渊之盟，起了稳定局势的作用。

发，字子国，其后世子孙有的以祖上之字国为姓。

文

据《风俗通》所记，周文王的支庶子孙有的以祖上谥号文字为姓。

寇

据《韵谱》所记，周文王的儿子康叔在周朝为司寇，其后世支庶子孙，有的以寇为姓。

广

据《风俗通》《姓谱》等书所记，黄帝时，有人名广成子，隐居山中，其后人有的以广为姓。

禄

据《百家姓考略》记载，殷纣王的儿子武庚，字禄父，其后人以禄为姓。

阙

据《百家姓考略》所记，春秋时，鲁国有阙党邑，有人受封于此地，则以阙为姓。

东

据《通志·氏族略》等书所记，帝舜有七个好友，其中一个名东不訾（也有的书作东不识），他的后人以东为姓。

欧

据《新唐书·宰相世系表》《姓谱》等书所记，春秋时越王勾践的裔孙，越王无疆的次子蹄，被封于乌程欧余山之南，称欧阳亭侯，其后人有的以欧为姓。又据《百家姓考略》所记，欧姓为欧冶子的后人。春秋时越国有一位以冶炼铸造技术著名的匠人欧冶子，他曾为越王勾践铸造过名剑。欧冶子后人有的以欧为姓。

殳

据《百家姓考略》《通志·氏族略》等书记载，帝舜有大臣殳锵，其子孙以殳为姓。

沃

据《百家姓考略》等书记载，商王之子沃丁的后代以沃为姓。

利

据《路史》等书记载，皋陶的后裔理利贞，因逃避纣王的迫害，曾避难李子树下，食李充饥，遂改名李利贞。其后人中有的以理为姓，有的以李为姓，也有的以利为姓。

蔚

据《姓氏考略》记载，周代，郑国公子翩受封于蔚邑，世称蔚翩，其后世子孙遂以祖上封邑蔚为姓。

勾践三战灭东吴

公元前496年，当越王勾践即位不久，即打败吴国。两年后，吴王夫差攻破越都，勾践被迫屈膝投降，并随夫差至吴国，臣事吴王，后被赦归返国。勾践自战败以后，时刻不忘会稽之耻，日日卧薪尝胆。经过十年，越之国力渐渐恢复起来。可是吴对此却毫不警惕。公元前473年，越军大破吴国，吴王夫差被围困在吴都西面的姑苏山上，求降不得而自杀，吴亡。越王勾践既平吴，声威大震，成为春秋末期最后的一个霸主。

越

据《百家姓考略》等书所记，夏禹王后裔，夏王少康之子无余，受封于会稽，建立越国。国灭后，其公族子孙有的以越为姓。

夔

据《通志·氏族略》《百家姓考略》等书记载，春秋时，楚国国君的后人熊挚受封于夔城，建立夔国。国灭后，其后世子孙便以国名夔为姓。

隆

据《姓氏考略》记载，春秋时鲁国有一地方名隆邑，居住于此地或受封于此地者，以隆为姓。

师

据《风俗通》等书所记，夏商周时代，掌管音乐歌咏之官名师，如上

德行忠信

此图描绘了春秋时期，晋国晋平公向盲人乐师师旷请教为君之道的故事。师旷，山西人，春秋时期晋国乐师，精通音律，能演奏各种乐器，是中国古代著名的音乐家，被后人尊为“乐圣”。传说《阳春》、《白雪》等均为他的杰作。

古有师延、师涓，周朝有师尹。这些音乐官的后代多以师为姓。

巩

据《潜夫论》等书记载，周朝周敬王时有一个同族卿士简公封于巩，称巩简公，其后人以巩为姓。

厍

据《风俗通》记载：“古守厍大夫，因官命氏。”据此可知，厍乃库之俗音，义同。守厍，即守库。其后人以官名厍为姓。

聂

据《百家姓考略》记载，春秋时，齐丁公封支庶子孙于聂城，其子孙以封地聂为姓。

晁

据《通志·氏族略》记载，周景王的小儿子名朝。周景王死后，王子朝在争夺王位中失败，逃往楚国，其子孙以朝为姓。因朝与晁同音，后来又改为晁姓。

勾

据《百家姓考略》所记，远古时有勾芒氏，其后人改为单姓勾。

敖

据《风俗通》等书所记，古帝颛顼的老师太敖，其子孙以敖为姓。

融

据《世本》等书所记，古帝颛顼的后裔有祝融氏，其后人有的姓祝，有的姓融。

冷

据《风俗通》等书所记，黄帝时有管音乐的官叫伶伦，因当时伶与冷同音，其后人遂以冷为姓。

訾

据《百家姓考略》等书所记，帝喾的一个妃子是訾陬氏人，訾陬氏的后代遂以訾为姓。

辛

据《元和姓纂》记载，夏禹的儿子启建立夏朝。封其支庶子于莘，莘与辛音相近，其后人遂以辛为姓。

阚

据《百家姓考略》等书所记，春秋时齐国大夫止封于阚，称阚止，其后人以阚为姓。

那

据《百家姓考略》等书所记，春秋时有权国。楚武王灭权国，将权国人迁往那处，其后人遂以那为姓。

简

据《百家姓考略》《元和姓纂》等书所记，春秋时晋国大夫狐鞫居受封于续，死后谥号简，称续简伯，其后人以简为姓。

饶

据《史记·赵世家》记载，赵悼襄王六年封长安君于饶，其子孙遂以饶为姓。

空

据《百家姓考略》记载，空姓出于古空侯氏，其后人以空为姓。又据《姓氏考略》所记，商代始祖契的后代受封于空桐，遂姓空桐，后人又改为单姓空。

[原文]

曾毋沙乜(niè) 养鞠须丰 巢关蒯(kuǎi)相 查後荆红

游竺权逯 盖益桓公 万俟(sì)司马 上官欧阳

曾

据《世本》《百家姓考略》等书记载，夏少康帝封儿子曲列于鄫，其后人以鄫为姓，后来去掉“阝”旁，改为姓曾。

曾点

曾姓著名后人。字子皙，亦称曾皙，春秋时期鲁国武城（今平邑县魏庄乡南武城）人，生卒年月不详，曾参之父，孔门弟子七十二贤之一。曾点与颜回之父颜路、孟子之父孟孙激等并祀于曲阜孔庙后部的崇圣祠。

毋

据《百家姓考略》记载，齐宣王封弟于毋邱，后代以毋为姓。

沙

据《姓苑》所记，炎帝时有大臣夙沙氏，其后人以沙为姓。

乜

据《元和姓纂》所记，春秋时，卫国大夫食采于乜城，其后人以地名乜为姓。

养

据《姓氏考略》《左传·昭公三十年》等书记载，春秋时，吴国公子掩余、烛庸逃到楚国，楚王让他们在养地居住，其后世子孙遂以养为姓。

鞠

据《元和姓纂》记载，后稷的孙子名鞠陶，其后世子孙以其名鞠字为姓。

须

据《风俗通》等书记载，春秋时有须句国，其公族称须句氏，后改为须姓。

丰

据《通志·氏族略》等书所记，春秋时，郑穆公的儿子名丰，其子孙以丰为姓。

巢

据《姓谱》《通志·氏族略》等书记载，上古有先民居山中，以树为巢，称有巢氏。夏禹王封有巢氏后人建巢国。后来巢国被楚所灭，其国人遂以巢为姓。

关龙逢

关

据《百家姓考略》等书所记，夏朝时有个贤臣关龙逢，对夏帝桀的荒淫残暴敢于当面直谏，触怒夏桀而被杀害。他的后代以关为姓。

蒯

据《百家姓考略》记载，春秋时，卫庄公名蒯聩，其后人以蒯为姓。

相

据《姓谱》《百家姓考略》等书所记，夏王有帝相，所都为相里，其后世子孙以相为姓。又据《姓氏大全》所记，商王河亶甲居相，其后人以相为姓。

查

据《百家姓考略》《姓苑》等书记载，春秋时，齐顷公封其子于楂，其后世子孙以楂为姓，后来去掉木旁，改为姓查。

後

据《姓氏考略》等书记载，後姓出自太昊氏。太昊的裔孙後照，其后世子孙以後为姓。

荆

据《通志·氏族略》记载，西周初，楚国先君熊绎被封于荆，国号荆，其后人中有的以荆为姓。

红

据《百家姓考略》等书记载，春秋时，楚国公族熊渠的儿子熊挚，字

伯夷

红。熊挚受封为鄂王，其支庶子孙以祖上的字红为姓。又据《元和姓纂》所记，汉朝高祖刘邦的后人，楚元王刘交之子刘富，被封为休侯，后又封于红，称红侯富，其子孙以红为姓。

游

据《元和姓纂》记载，春秋时，郑穆公之子名偃，字子游，其孙以祖上的字游为姓。

竺

据《姓苑》所记，夏、商、周三代有孤竹国。春秋时，孤竹国国君之子伯夷、叔齐的后人以国名竹字为姓。到了汉代，竹姓后人竹晏，改竹为竺，以竺为姓。又据《汉书·西域传》《百家姓考略》等书记载，古代印度称天竺国，天竺国的僧人来中国传教，皆以竺为姓。

权

据《通志·氏族略》等书所记，商代武丁的后裔封于权，建立权国。权国灭后，其公族子孙以权为姓。

逯

据《百家姓考略》记载，秦国公族大夫封于逯，其后人以逯为姓。

盖

据《百家姓考略》等书记载，春秋时，齐国大夫受封于盖邑，其后人以盖为姓。

益

据《百家姓考略》等书记载，帝舜的大臣皋陶之子伯益的子孙以益为姓。

桓

据《姓氏考略》等书记载，黄帝时有大臣名桓常，其后人以桓为姓。

司马迁

司马姓著名后人。司马迁是中国历史上伟大的史学家。他因直言进谏而遭宫刑，却因此更加发愤著书，创作了名震古今中外的史学巨著《史记》，为中国人民、世界人民留下了一笔珍贵的文化遗产。

又据《通志·氏族略》记载，春秋时，宋国国君名卿，死后谥桓，称宋桓公，其后人以祖上谥号桓为姓。

公

据《通志·氏族略》记载，春秋时，鲁昭公的两个儿子，一个叫衍，一个叫为，都被封为公爵，世称公衍、公为，他们的后世子孙遂以公为姓。另外，古代有很多由公字组成的复姓，如：公西、公子、公孙、公叔、公正，等等，其后人多把复姓改为单姓公。

万俟

据《百家姓考略》《元和姓纂》等书记载，鲜卑族的万俟部落随鲜卑族的王族拓跋氏进入中原，创立北魏朝，北魏献文帝赐其弟弟的后人姓万俟，是为万俟姓之始。

司马

据《通志·氏族略》所记，周宣王时，程伯休的父亲官至司马，其后人遂以司马为姓。

上官

据《元和姓纂》等书所记，楚庄王的小儿子子兰，官至上官大夫，其后世子孙以上官为姓。

欧阳

据《新唐书·宰相世系表》等书记载，赵王无疆之子名蹄，被楚王封于乌程欧余山之南，山南为阳，故世称欧阳亭侯，其子孙遂以欧阳为姓。

[原文]

夏侯诸葛 闻人东方 赫连皇甫 尉迟公羊

澹(tán)台公冶(yě) 宗政濮(pú)阳 淳于单(chán)于 太叔申屠

夏侯

据《百家姓考略》所记，古有杞国，乃夏禹王后代夏侯氏所建。后来，杞国被楚国所灭，杞简公之弟佗逃到鲁国，受封为侯爵，世称夏侯，其子孙遂以夏侯为姓。

诸葛

据《风俗通》所记，古有葛国，国灭后其一支族迁往诸城，其后代子孙遂以国名葛字和地名诸字，合成诸葛以为姓。

闻人

据《风俗通》记载，春秋时，鲁国有一位名人少正卯，有学问，口才好，是当时的闻名人物，其后人便以闻人二字为姓，有的人单以闻为姓。

东方

据《百家姓考略》所记，东方姓系出于太昊氏。伏羲氏的裔孙羲仲，世掌东方青阳之令，其子孙遂以东方为姓。

东方朔

西汉文学家，字曼倩，平原厌次（今山东惠民）人。武帝时，为太中大夫。他性格诙谐滑稽，爱好喝酒。古代隐士，常避世于深山之中，而他却自称是避世于朝廷的隐士。

赫连

据《通志·氏族略》记载，复姓赫连出自南匈奴部族。东晋时，南匈奴右贤王的后人勃勃称大厦天王，始改姓赫连。

皇甫

据《新唐书·宰相世系表》记载，春秋时，宋戴公之子名充石，字皇父。后来其孙南雍郵以祖父的字皇父为姓，称皇父郵。西汉时，其裔孙皇父鸾，改父为甫，遂开始以皇甫为姓。

尉迟

据《通志·氏族略》记载，公元四世纪初，鲜卑族的拓跋部建立代国。代国被前秦所灭。后来，拓跋族的后人于

澹台灭明

公元386年复国，改国号为魏，史称北魏。此时，与北魏同时兴起的有尉迟族。北魏孝文帝时，赐尉迟族人以族名尉迟为姓。

公羊

据《通志·氏族略》所记，春秋时，鲁国有公孙羊孺，其子孙后代取其姓名中的“公”“羊”二字组成复姓公羊。

澹台

据《百家姓考略》记载，春秋时，孔子的弟子灭明居于澹台，遂以澹台为姓，称澹台灭明。

公冶

据《百家姓考略》记载，春秋时鲁国有季公冶，其子孙以公冶为姓。

宗政

据《通志·氏族略》记载，汉高祖后裔楚元王之孙刘德曾任宗正官职，宗正亦作宗政，是掌管皇族事务的官。刘德的支孙以祖上官职宗政为姓。

濮阳

据《陈留风俗传》《百家姓考略》等书所记，春秋时郑国公族大夫居于濮水之阳，其族遂以濮阳为姓。

淳于

据《水经注》《尚友录》等书所记，夏朝时有斟灌国。西周初，周武王封斟灌于州国，世称州公。后来，州国被杞国所灭，其公族留居淳于城，复国后，称淳于国，其子孙遂以淳于为姓。

单于

据《汉书·匈奴传》《姓氏寻源》等书记载，早期匈奴最高首领称“撑犁孤涂单于”，后匈奴部族消失，其融入其他民族的子孙以祖上的王位名称单于为姓。

太叔

据《古今姓氏辨证》记载，春秋时卫文公的第三子姬仪，世称太叔仪，其子孙遂以太叔为姓。

申屠

据《风俗通》所记，帝舜的后裔有申屠氏，其后代以申屠为姓。

［原文］

公孙仲孙 轩辕令狐 钟离宇文 长孙慕容

鲜于闾(lú)丘 司徒司空 亓(qí)官司寇 仉(zhǎng)督子车

姓氏寻根

钟离春

钟离春，是齐国无盐邑（今山东省东平县）的女子，她长得奇丑无比，却毛遂自荐想要做齐宣王的皇后，她见到齐宣王后，劝谏他，分别说出了四种危险，指出国家事务败乱而繁杂，齐宣王采纳了她的话，打开宫门，册立太子，拜她为皇后。齐国的安定，有钟离春的功劳。

公孙

据《广韵》记载："古封公之后，皆自称公孙，故其姓多，非一族也。"据此可知，古代姓公孙的人很多，有的是因祖上受封为公爵，有的则是诸侯的后人。

仲孙

据《元和姓纂》等书所记，春秋时，鲁桓公的次子名庆父，因他在兄弟中排行二，故世称共仲，又称孟氏。他是鲁国王族，后在鲁国弑君作乱，畏罪出逃，改姓为孟孙氏。而他留居于鲁国的子孙后代则以仲孙为姓。所以庆父的子孙称仲孙氏，从此这一族人就以仲孙为姓。

轩辕

据《元和姓纂》等书所记，黄帝又号轩辕氏，其后裔中有一支以轩辕为姓。

令狐

据《新唐书·宰相世系表》记载，

周文王之子毕公高有孙毕万，春秋时任晋国大夫。他的曾孙魏颗，是一员猛将，屡立战功，受封于令狐邑，其后人遂以令狐为姓。

钟离

据《新唐书·宰相世系表》所记，春秋时宋国公族后裔宗伯在晋国为官，后被郤氏杀害，其子州犁逃到楚国，定居于钟离，其后人遂以钟离为姓。

长孙无忌

宇文

据《通志·氏族略》记载，复姓宇文出自鲜卑族。鲜卑族的首领称大人，到普回袭任大人时，在一次打猎中他拾得一块玉玺，认为是天命所授。鲜卑语谓天子为“宇文”，遂以宇文为姓。

长孙

据《旧唐书·长孙无忌传》记载，复姓长孙出自鲜卑族拓跋氏。北魏道武帝拓跋珪是其曾祖父的长子，故赐珪的儿子嵩为长孙氏，从此其子孙遂以长孙为姓。

慕容

据《通志·氏族略》记载，三国时期，鲜卑族迁居辽西，建立政权。到涉归做鲜卑单于时，自称“慕二仪（天地）之德，继三光（日月星）之容”，从而以慕容为姓。

鲜于

据《通志·氏族略》所记，西周初，周武王封商纣王的叔父箕子于朝鲜。箕子的支庶子仲食采于于地，其后世子孙遂以“鲜”和“于”组成复姓。

闾丘

据《古今姓氏辨证》记载，春秋时，齐国有一位大夫名婴，在闾丘居住，时称闾丘婴，其后人遂以闾丘为姓。

荆轲刺秦王

司徒

据《通志·氏族略》所记，夏、商、周三朝都设置司徒官职，是六卿之一，地位很高，相当于宰相。担任过此官职的人的后世子孙，有的就以司徒为姓。

司空

据《通志·氏族略》所记，春秋时，晋国设置司空官职，任此职的人的后代有的以司空为姓。

亓官

据《元和姓纂》《姓氏寻源》等书记载，亓与笄在古代是一个字，后来，亓又与齐读音相同。笄是一种插在绾起头发上的簪子。周代设有掌管笄礼的官职，其后人遂以祖上官称笄官为姓，笄又简化为亓，遂有亓官之姓。

司寇

据《风俗通》所记，周武王时，任苏忿生为司寇，这是掌管司法刑狱的官，其后人遂以祖上官称司寇为姓。

仉

据《通志·氏族略》等书所记，仉姓出自党姓。春秋时，鲁国大夫中有人姓党，当时党与掌读音相同，其后世子孙又一支姓掌。后来又有人改掌为仉。

督

据《姓苑》所记，周代宋国有大夫名华督，其后人以督为姓。又据《路史》等书所记，战国时燕国有一地方名督亢，荆轲刺秦王所用的匕首就藏在督亢地图中，该地的居民以督为姓。

子车

据《左传》记载，周朝时，秦国大夫有子车氏，其族人复姓子车。秦穆公时有子车仲行、子车奄息、子车钳虎，三人政绩卓著，世称“三良”。秦穆公死，以“三良”殉葬，《诗经·秦风·黄鸟》反映了这一事件，表现了世人对“三良”的同情和对人殉制度的愤怒。“三良”的后人有的改复姓为单姓，以车为姓。

[原文]

颛(zhuān)孙端木 巫马公西 漆雕乐正 壤驷(sì)公良
拓跋夹谷 宰父谷梁 晋楚闫法 汝鄢涂钦

姓氏寻根

颛孙

据《尚友录》记载，春秋时，陈国公子颛孙在晋国做官，其子孙以颛孙为姓。

端木

据《论语》等书所记，春秋时，孔子的弟子中有卫国人端木赐，字子贡，其后人皆姓端木。

巫马

据《姓氏考略》记载，周朝时，设置有驯养和医治马病的官职，称巫马，其后人就以祖上官职巫马为姓。

漆雕开

公西

据《姓氏寻源》记载，春秋时，鲁国公族季孙氏的一支子孙以公西为姓，孔子弟子中就有一个公西赤。

漆雕

据《路史》所记，春秋时，鲁国有复姓漆雕的家族，其后人皆姓漆雕。孔子弟子有漆雕开。后来也有人单姓漆。

乐正

据《元和姓纂》所记，周朝设有乐正官，管理音乐工作。其后人以乐

正为姓。

壤驷

据《姓氏考略》等书所记，春秋时有复姓壤驷的家族。孔子弟子有壤驷赤。

公良

据《姓氏考略》所记，周朝时，陈国有个名叫良的公子，世称公子良，其子孙以公良为姓。

拓跋

据《魏书·官氏志》所记，复姓拓跋出自古代鲜卑族。其后人拓跋珪于公元 386 年建立北魏政权。到北魏孝文帝拓跋宏，改复姓拓跋为单姓元，他自己改姓名为元宏。

夹谷

据《姓氏考略》所记，复姓夹谷出自女真族。

宰父

据《孔子家语》记载，周朝时设有管理公卿官员升迁考核的官职，称宰夫，因夫与父音相近，后来转变成宰父，其后人以祖上官职宰父为姓。

谷梁

据《姓氏寻源》等书所记，古代称良种谷子为粱，种植谷粱的氏族，以谷粱为姓，后来粱改为梁，谷梁复姓遂流传下来。

晋

据《元和姓纂》所记，周初，周武王的儿子叔虞受封于唐，称唐叔虞。唐叔虞的儿子迁居晋水，建立晋国，称晋侯。其后世子孙以晋为姓。

楚

据《姓苑》记载，周成王封熊绎于楚，其后人遂以楚为姓。

闫

据《姓谱》所记，闫姓为阎姓的别支。闫、阎二姓同出一源。

法

据《后汉书·法雄传》所记，战国时，齐襄王名法章。秦国灭齐后，齐国的公族子孙为避祸，遂以祖上名的法字为姓。

汝

据《姓源》所记，东周初期，周平王封小儿子于汝邑，其后人遂以汝为姓。

鄢

据《国语》记载，古代有鄢国。春秋时鄢国被郑国所灭，其公族子孙遂以鄢为姓。

涂

据《姓氏族谱笺释》所记，夏朝时有涂山氏，其后人省去山字，以涂为姓。又据《通志·氏族略》记载，古有涂水，即今天的滁河，发源于安徽东部滁县。古代居住在涂水岸上的人以涂为姓。

钦

据《姓苑》所记，钦姓起源于吴地，即今江苏、浙江一带。又据《魏书》所记，古渔阳乌桓部落中有钦姓，可能起源于乌桓山脉。

[原文]

段干百里 东郭南门 呼延归海 羊舌微生

gōu kàng

岳帅缑亢 况后有琴 梁丘左丘 东门西门

姓氏寻根

段干

据《史记》《姓氏考略》等书所记，春秋时，哲学家老子李耳的裔孙李宗在魏国为将，他受封于段干，其后人遂以段干为姓。

百里

据《史记》《中国姓氏起源》等书记载，春秋时秦国大夫百里奚的后人以百里为姓。

关胜 呼延灼

宋朝开国功臣呼延赞嫡派子孙，忠于宋王朝，上梁山后支持宋江“招安”。

东郭

据《姓谱》所记，周朝时，一座城有内城和外城，外城称郭。当时齐国公族大夫有居住在国都临淄东郭的，称东郭大夫，后来又称东郭氏，其后人遂以东郭为姓。

南门

据《姓氏考略》等书记载，古代居住在南城门一带的居民有的以南门为姓。又一说，夏代置有管理南城门的官职，其后人以南门为姓。

呼延

据《通志·氏族略》所记，古代匈奴人有的家族称呼衍氏，入中原后改为呼延，其后人遂以为姓。

归

据《通志·氏族略》所记，春秋时有宗胡国，其君族为归姓。后来宗胡国被楚所灭，其国君的后人有的以归为姓。

海

据《姓苑》《尚友录》等书所记，春秋时，卫国有大臣海春，其后人皆姓海。

羊舌

据《元和姓纂》等书记载，春秋时晋国晋靖侯的后人，有的受封于羊舌邑，其子孙遂以羊舌为姓。

微生

据《路史》所记，春秋时，鲁国有贵族微生氏，其子孙以微生为姓。

岳

据《姓苑》记载，上古时设有“四岳”官职，其工作是管理山岳的祭祀，四岳官的后人以岳为姓。

帅

据《通志·氏族略》《广韵》等书所记，古代管理音乐工作的官员称师，晋国有师旷，鲁国有师乙，其子孙以师为姓。后因晋国晋景公的名字有师字，为避讳，将师字去掉一横，改姓帅。

缑

据《通志·氏族略》记载，周朝时，有大夫受封于缑邑，其后世子孙遂以缑为姓。

亢

据《姓氏寻源》等书所记，亢姓出自伉姓。春秋时卫国大夫三伉的后人以亢为姓。又据《战国策》所记，春秋时有一贵族受封于军事要地亢父，其后人遂以亢为姓。

况

据《三国志·蜀书》所记，三国时，蜀中有一位名人况长宁，其后人皆姓况。

后

据《世本》记载，春秋时，鲁孝公八世孙成叔受封于郈邑，其后人去掉郈字的“阝”旁，以后为姓。

有

据《尚友录》所记，远古时期，为躲避猛兽的侵袭，有人开始住在树上，被称为有巢氏，其后人以有为姓。又据《论语》记载，春秋时，孔子有个弟子名有若，其子孙皆姓有。

琴

据《姓氏考略》所记，周朝时，有人以制琴或弹琴为业，其后人以祖上的职业琴字为姓。又据《通志·氏族略》所记，春秋时，卫国有人名琴牢，是孔子的弟子。

左丘明

琴牢的后人以琴为姓。

梁丘

据《尚友录》所记，春秋时，齐国有一个大夫受封于梁丘，其后人以梁丘为姓。

左丘

据《通志·氏族略》所记，春秋时，齐国有个地方叫左丘，当时有个叫明的人居住于此地，遂以左丘为姓，称左丘明。左丘明的后人皆以左丘为姓。

东门

据《左传》记载，春秋时，鲁国国君鲁庄公的儿子遂，字襄仲，居住在东门，称东门襄仲，其后代遂以东门为姓。

西门

据《通志·氏族略》所记，春秋时，郑国有个大夫居住在西门，其后世子孙便以西门为姓。

[原文]

商牟（móu）佘（shé）佴（nài） 伯赏南宫 墨哈谯（qiáo）笪（dá）
年爱阳佟（tóng） 第五言福

大夫师事

春秋时鲁国大夫孟僖子对他的儿子说：“我听说圣人的后代必有杰出的人物，孔子年轻好礼，难道不是杰出人物吗？我就要死了，你们一定要拜他为师。”孟懿子和南宫敬叔就拜孔子为师。

姓氏寻根

商

据《史记》所记，周朝灭亡商朝后，商朝的公族子孙有的以商为姓。

牟

据《风俗通》所记，春秋时有牟子国，其国人有的以牟为姓。

佘

据《通志·氏族略》所记，唐开元时代有大学士佘钦。这是佘姓较早的记载。

佴

据《通志·氏族略》记载："佴氏，如代切，晋《山公集》有佴湛。"这是佴姓较早的记载。

伯

据《风俗通》所记，古代嬴姓的祖先伯益，他在舜帝、夏禹时都受到重用。后来被禹的儿子启所杀。伯益的后人有的以伯为姓。

赏

据《姓苑》所记，春秋时，吴国有吴中八姓，赏姓是其中之一，这是赏姓之始。

南宫

据《通志·氏族略》记载，春秋时鲁国大夫孟僖子的儿子仲孙阅住在南宫，其后人遂以南宫为姓。

墨

据《通志·氏族略》记载，商朝时，孤竹国国君名墨胎，其后世子孙以墨为姓。

哈

据有关资料显示，哈姓为"回民十三姓"之一。约在元代时中原开始有此姓。

谯

据《元和姓纂》等书所记，周文王的后裔支庶子孙，有一支受封于谯，其后人遂以谯为姓。

笪

据《通志·氏族略》记载："笪氏，今建州（现在的福建省建瓯）多此姓。"

年

据《明史·年富传》所记，年姓出自严姓。年字与严字读音相近，易混读。古代有一支严姓的子孙，因字音讹传，而以年为姓。

爱

据《姓氏考略》所记，唐代西域有回鹘（亦称回纥）国，其国相名爱邪勿。后来回鹘国成为唐朝的附庸国，国相爱邪勿来到中原，唐朝皇帝赐他姓爱，名弘顺，其子孙遂以爱为姓。

阳

据《广韵》所记，东周时，周景王封其小儿子于阳樊，其后人因避祸乱到了燕国，以祖上封地阳字为姓。

佟

据《满洲氏族谱》所记，佟姓出自佟佳氏。在今辽宁省境内的鸭绿江支流，元明时期称佟佳江，居住有佟佳氏族，其后人改为单姓佟。

第五

据《风俗通》《后汉书·第五伦传》记载，汉高祖刘邦即帝位后，为了削弱地方豪强势力，把战国时的齐、楚、燕、韩、赵、魏六国王族后裔迁徙到关中。其中齐国贵族田氏，因族大人多，故改变了原来的姓氏，而以第一氏、第二氏至第八氏来划分。第五氏即其中的一氏，其后人以第五为姓。

言

据《元和姓纂》《万姓统谱》等书所记，春秋时，吴国有人叫言偃，字子游，是孔子的弟子，其子孙以言为姓。

福

据《姓氏考略》所记，春秋时，齐国有大夫福子丹，其后世子孙皆以福为姓。

千字文

千字文

［原文］

天地玄黄，宇宙洪荒。日月盈昃，辰宿列张。

［译文］

天是青色的，地是黄色的，广阔的天地形成于远古的混沌时代。日月运行在天空，日出日落，月圆月缺，很有规律，星辰遍布于辽阔的天穹。

［原文］

寒来暑往，秋收冬藏。闰余成岁，律吕调阳。

［译文］

春夏秋冬四季循环，冬天寒冷夏天炎热，秋天收割粮食冬天储存于库。历法中有闰日闰月，乐律里有六律六吕配合十二个月来调节阴阳。

［原文］

云腾致雨，露结为霜。
金生丽水，玉出昆冈。

［译文］

云气升腾遇冷可以化作雨水，露水遇寒可以凝结成霜。金沙江里出产黄金，昆仑山上出产美玉。

秋景

［原文］

剑号巨阙，珠称夜光。
果珍李柰，菜重芥姜。

［译文］

最有名的剑是巨阙剑，最珍贵的珠

是夜光珠。水果中的珍品是李子和花红，蔬菜中的珍品是芥菜和生姜。

仓 颉

［原文］

海咸河淡，鳞潜羽翔。龙师火帝，鸟官人皇。

［译文］

海水是咸的，河水是淡的，鱼儿在水中潜游，鸟儿在天空飞翔。伏羲氏以龙命官称为龙师，神农氏以火命官称为火帝，少昊氏以鸟命官称为鸟官，接下来是天皇、地皇、人皇。

［原文］

始制文字，乃服衣裳。推位让国，有虞陶唐。

［译文］

黄帝的史官仓颉发明文字，黄帝的妃子嫘祖始做服装。把君位让给贤人的，是尧帝和舜帝。

［原文］

吊民伐罪，周发殷汤。坐朝问道，垂拱平章。

［译文］

安抚苦难的百姓、讨伐罪人商纣和夏桀的，是周朝的周武王姬发和商朝的开国君主成汤。古代的君主端坐朝廷，与贤臣商讨治国之道，垂衣拱手，国泰民安。

［原文］

róng qiāng

爱育黎首，臣伏戎羌。遐迩一体，率宾归王。

［译文］

他们爱护和养育百姓，让远方的少数民族俯首称臣。举国上下无论远近都统一为一体，所有的臣民都归顺于天子。

［原文］

鸣凤在竹，白驹食场。化被草木，赖及万方。

［译文］

欢唱的凤凰栖息在竹林间，白色的马驹在草场上觅食。天子的仁德使草木得到感化，天子的恩泽施及天下的每一个地方。

［原文］

盖此身发，四大五常。恭惟鞠(jū)养，岂敢毁伤。

［译文］

我们的身体发肤由地、水、火、风四种物质组成，称为“四大”，我们的行为以仁、义、礼、智、信为准则，称为“五常”。恭敬地想着自己是父母生育抚养的，怎敢轻易将身体毁坏损伤。

［原文］

女慕贞洁，男效才良。知过必改，得能莫忘。

［译文］

女人要仰慕贞节保持纯洁，男人要效法德才兼备的贤人。知道自己有过错必定要改正，掌握了某种技能千万不要遗忘。

汉陈孝妇

［原文］

罔谈彼短，靡(mí)恃己长。
信使可覆，器欲难量。

［译文］

不要妄谈别人的短处，不要矜夸自己的长处。为人要诚实守信用，一言一行经得起考验，心胸要宽阔、气量要大到让人难以度量。

[原文]

墨悲丝染，诗赞羔羊。景行维贤，克念作圣。

[译文]

墨子悲叹洁白的蚕丝被染成各种各样的颜色，《诗经·羔羊》篇赞美羊羔毛色的纯洁。仰慕贤人的德行，克制私念以成圣贤。

[原文]

德建名立，形端表正。空谷传声，虚堂习听。

[译文]

德行建立了名声就自然树立起来，气质端正了外表自然就会端正。空旷的山谷能将声音传播得很远，空荡的厅堂里说话能有回音。

[原文]

祸因恶积，福缘善庆。尺璧非宝，寸阴是竞。

[译文]

灾祸往往是因为坏事做得太多而引发的，幸福也往往是因为好善乐施得到的回报。直径一尺的美玉不是什么宝物，只有一分一秒的时间是值得珍惜的。

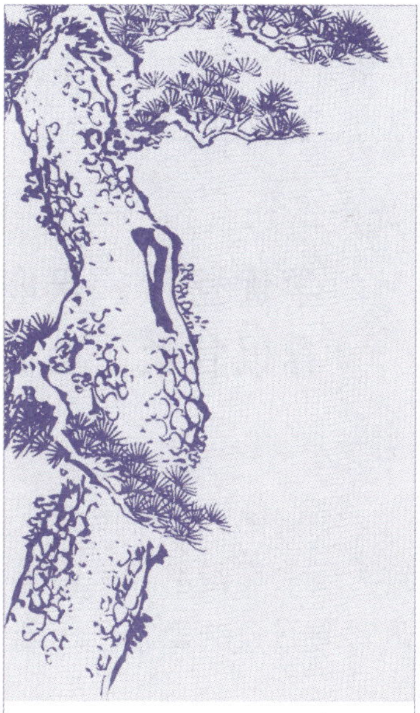

松

[原文]

资父事君，曰严与敬。
孝当竭力，忠则尽命。

[译文]

奉养父母和侍奉君主，要怀敬畏之心。孝顺父母应当竭尽全力，效忠君主则要不惜生命。

[原文]

临深履薄，夙兴温清(qìng)。似兰斯馨，如松之盛。

[译文]

侍奉君主应当有如临深渊、如履薄冰般小心谨慎的态度。孝顺父母则要早起晚睡，让父母冬天寒冷时得到温暖，夏天炎热时享受凉爽。培养自己的品德，使它像兰花一样芬芳，像松柏一样四季常青。

[原文]

川流不息，渊澄取映。容止若思，言辞安定。

[译文]

像江河的水一样永不停息，像宛若明镜的潭水一样清澈照人。容貌举止要沉静安详，说话时要从容镇定。

[原文]

笃初诚美，慎终宜令。荣业所基，籍甚无竟。

[译文]

良好的开端的确很好，但是要做到善始善终就更好。这是将来事业荣耀的基础，因此也会美名传扬，流芳百世。

召公

[原文]

学优登仕，摄职从政。
存以甘棠，去而益咏。

[译文]

学业优秀就可以做官，做了官才能致力于治理国家。人们留下甘棠树来表达对周召公的爱戴，还创作了诗歌来赞美他。

［原文］

乐殊贵贱，礼别尊卑。上和下睦，夫唱妇随。

［译文］

乐器的使用按照身份贵贱而有所不同，礼仪的确定也因为地位的尊卑而不同。地位尊贵的人和身份卑贱的人要和睦相处，丈夫倡导的，妻子应当随从。

［原文］

外受傅训，入奉母仪。诸姑伯叔，犹子比儿。

［译文］

在外求学要接受师傅的教诲，回到家里要遵循母亲定下的规范。对待姑母、伯父、叔父要如同对待自己的父母，对待兄弟之子女要如同对待自己的子女。

［原文］

孔怀兄弟，同气连枝。交友投分，切磨箴(zhēn)规。

［译文］

兄弟之间要情同手足，彼此要互相关爱。交朋友要情投意合，在学问上互相切磋，在品德上互相劝勉。

［原文］

仁慈隐恻(cè)，造次弗离。节义廉退，颠沛匪亏。

［译文］

对人要有仁慈和怜悯之心，在别人遇到紧急情况时不要弃之而去。节操、正义、廉正、谦让是必备的品德，即使在遭受挫折时也不能亏损。

［原文］

性静情逸，心动神疲。守真志满，逐物意移。

洛阳风月牡丹仙

[译文]

性情安静心情就安逸，内心躁动精神就疲乏。保持住自己善良的天性，就会内心充实，追逐物质享受，意志就会动摇。

[原文]

坚持雅操，好爵自縻。
都邑华夏，东西二京。

[译文]

坚守保持高雅的情操，高官厚禄自然就会来临。中国古代的京都主要有东京洛阳和西京长安。

[原文]

背邙(máng)面洛，浮渭据泾(jīng)。宫殿盘郁，楼观飞惊。

[译文]

东京洛阳背靠邙山面对洛水，西京长安左靠渭水右依泾水。宫殿曲折盘旋，楼观势高若飞，令人惊叹。

[原文]

图写禽兽，画彩仙灵。丙舍旁启，甲帐对楹。

[译文]

宫殿楼阁上雕龙画凤，画有飞禽走兽以及仙灵神怪。两边厢房的门敞开，中间正殿两柱之间铺陈着用明珠、美玉装饰的床帐摆设。

[原文]

肆筵设席，鼓瑟吹笙。升阶纳陛，弁(biàn)转疑星。

[译文]

宫廷里摆设着最丰盛的酒席，乐队弹击琴瑟、吹奏笙管演奏出美妙的音乐。达官贵人走上宫廷的台阶，礼帽闪闪发光，如同群星闪烁。

孔子

[原文]

右通广内，左达承明。
既集坟典，亦聚群英。

[译文]

进入宫廷，往右可以通向广内殿，向左可以通往承明殿。宫殿里既珍藏着大量的图书典籍，也聚集了众多的英雄豪杰。

[原文]

杜稿钟隶，漆书壁经。府罗将相，路侠槐卿。

[译文]

宫廷里收藏着汉朝书法家杜度的草书和钟繇的隶书，还有古代的竹简和孔子宅墙中发现的经典。府内有文武大臣侍列两边，出行时公卿分列道路两旁。

[原文]

户封八县，家给千兵。高冠陪辇(niǎn)，驱毂(gū)振缨。

[译文]

皇帝赏给将相八县的土地和数千家兵。大臣们戴着高高的礼帽陪着皇帝出行，车子奔驰时缨带飘扬。

[原文]

世禄侈富，车驾肥轻。策功茂实，勒碑刻铭。

[译文]

大臣们的子孙世代享受优厚的俸禄，过着富裕奢侈的生活，车子华丽

骏马肥壮。为皇帝出谋划策的人功劳卓著，他们的丰功伟绩都铭刻在石碑上留传百世。

冰雪堂张仪用智

[原文]

磻(pán)溪伊尹，佐时阿衡。
奄(yǎn)宅曲阜，微旦孰营。

[译文]

姜太公辅佐周武王灭纣建立周朝，伊尹辅佐汤王推翻夏朝建立商朝，他们都是辅佐当朝皇帝的宰相。在封地曲阜，没有周公姬旦谁还能治理鲁国。

[原文]

桓公匡(kuāng)合，济弱扶倾。
绮(qǐ)回汉惠，说感武丁。

[译文]

齐桓公为了匡正天下之乱，会合诸侯帮助弱小国家，扶助衰弱的周王室。绮里季回朝保住了汉惠帝的王位，傅说帮助商王兴盛了商朝。

[原文]

俊乂密勿，多士实宁。晋楚更霸，赵魏困横。

[译文]

英雄豪杰的勤勉努力换来了众多才士的安宁生活。在春秋时期，晋文公和楚庄王轮流称霸；战国时，赵国和魏国等六国被张仪的“连横”政策逼入困境。

[原文]

假途灭虢(guó)，践土会盟。何遵约法，韩弊烦刑。

[译文]

春秋时晋国向虞国借道去灭虢国，晋文公在践土一地会盟诸侯相约效命周王室，因而被周王策命为诸侯之长。萧何遵照汉高祖刘邦的旨意约法三章，韩非主张用严厉的法律治国，结果自己死于酷刑。

雁门纵牧

[原文]

起翦(jiǎn)颇牧，用军最精。宣威沙漠，驰誉丹青。

[译文]

战国时的秦将白起、王翦，赵国良将廉颇、李牧个个精通兵法。他们威名远播边陲，美名载入史册。

[原文]

九州禹迹，百郡秦并。岳宗泰岱，禅主云亭。

[译文]

大禹的足迹遍及九州大地，秦国兼并百郡而统一天下。五岳中以东岳泰山最高最尊贵，古代帝王在泰山脚下的云云山和亭亭山举行封禅大典。

[原文]

雁门紫塞，鸡田赤城。昆池碣(jié)石，巨野洞庭。

[译文]

中国有雁门关和古长城，有鸡田驿和赤城山，昆明有滇池，河北有碣石山，山东有巨野泽，湖南有洞庭湖。

[原文]

旷远绵邈，岩岫(xiù)杳(yǎo)冥。治本于农，务兹稼穑。

[译文]

幅员辽阔广大，一片锦绣河山。治国的根本在于搞好农业，要致力于播种收割之事。

[原文]

俶载南亩，我艺黍稷。税熟贡新，劝赏黜(chù)陟(zhì)。

[译文]

致力于农业就要在田间从事耕种，种植各种农作物。粮食成熟后要向官府交纳税粮贡米，官府则对勤农守法者给予奖赏提升，对懒惰违纪者给予劝诫贬降。

[原文]

孟轲敦素，史鱼秉直。庶几中庸，劳谦谨敕。

[译文]

孟子崇尚本色，史鱼坚持正直。为人处世要尽力做到不偏不倚，保持中庸，还要勤劳、谦虚、谨慎、小心。

严子陵独钓富春江

严子陵，东汉时期的著名隐士。严子陵少年时期就很有才气，曾与刘秀是同窗好友，后来刘秀做了皇帝想重用严子陵，但严子陵却婉拒了他的邀请并隐居在富春江畔，后人因此将严子陵作为不慕权贵的榜样。

[原文]

聆音察理，鉴貌辨色。贻厥嘉猷(yóu)，勉其祗植。

[译文]

听人说话要分析其中的道理是非，与人交往要注意察言观色。为他人留下好的建议，勉励他人处世谨慎小心。

[原文]

省躬讥诫，宠增抗极。
殆辱近耻，林皋幸即。

[译文]

听到别人的讥讽告诫要反省自己的言行，防止自己因得意忘形而招致灾祸。

如果因为位尊宠厚招致祸辱，就要及时隐居山林。

梧 桐

［原文］

两疏见机，解组谁逼。
索居闲处，沉默寂寥。

［译文］

汉代的疏广、疏受身居高位，看准时机，辞去高官厚禄回到家乡，没有谁逼他们这样做。他们独居山野，悠闲自在，甘于寂寞。

［原文］

求古寻论，散虑逍遥。欣奏累遣，戚谢欢招。

［译文］

在古书中寻求人生的道理，这样可以消除忧虑，活得逍遥自在。得到欣悦，就可以免除烦恼，杜绝忧愁，就可以带来欢乐。

［原文］

渠荷的历，园莽抽条。枇杷晚翠，梧桐蚤凋。

［译文］

池塘里的荷花鲜艳夺目，园子里的草木长出嫩芽。枇杷树到了冬天仍然翠绿，梧桐树叶在初秋就过早凋谢。

［原文］

陈根委翳，落叶飘摇。游鹍(kūn)独运，凌摩绛霄。

［译文］

树根蜿蜒枯死，落叶飘飘。鹍鹏独自翱翔天空，直冲高高的赤霄。

[原文]

耽读玩市，寓目囊箱。易輶攸畏，属耳垣墙。

[译文]

东汉哲学家王充年幼时家贫无书，他常常游览于洛阳市场，读所卖之书，过目不忘；眼睛所看到的，也是装书的袋子和箱子。说话要小心谨慎，要防止隔墙有耳，被人偷听。

[原文]

具膳餐饭，适口充肠。饱饫(yù)烹宰，饥厌糟糠。

[译文]

家中准备的饭菜，只要口味合适能填饱肚子就行。经常吃得饱饱的人即使有鸡鸭鱼肉也会生厌，而饥肠辘辘的人只要有糟糠填饱肚子就满足了。

[原文]

亲戚故旧，老少异粮。妾御绩纺，侍巾帷房。

[译文]

亲朋老友来做客要以礼相待，老人和孩子要用不同的食物来招待。妾在家中纺纱织布，还要在内室照顾好丈夫。

[原文]

纨扇圆洁，银烛炜(wěi)煌。昼眠夕寐，蓝笋象床。

[译文]

圆形的绢扇洁白素雅，明亮的烛光辉煌如银。白天在蓝色的竹席上午休，晚上在象牙床上睡觉。

[原文]

弦歌酒宴，接杯举觞(shāng)。矫手顿足，悦豫且康。

[译文]

人们在有乐队歌舞助兴的酒宴上，一杯接一杯开怀畅饮。大家喝得手舞足蹈，快乐又舒适。

[原文]

嫡后嗣续，祭祀烝尝。
稽颡再拜，悚惧恐惶。

[译文]

子孙一代一代向下传续，一年四季按时祭祀不能懈怠。举行祭祀仪式时，要反复磕头跪拜，心怀敬畏之心。

一觞一咏畅幽情

[原文]

笺牒简要，顾答审详。
骸垢想浴，执热愿凉。

[译文]

书信要写得简明扼要，回答问题要准确详细。身上有了污垢就想洗澡，拿着烫手的东西就希望它赶快冷却。

[原文]

驴骡犊特，骇跃超骧。诛斩贼盗，捕获叛亡。

[译文]

驴、骡、牛、马一旦受到惊吓就会狂奔乱跑。官府诛杀盗贼，逮捕造反的亡命之徒。

[原文]

布射僚丸，嵇琴阮啸。恬笔伦纸，钧巧任钓。

[译文]

吕布精于射箭，宜僚善玩弹丸，嵇康长于弹琴，阮籍善于撮口长啸。蒙恬制造了毛笔，蔡伦发明了纸，马钧发明了水车，任公子善钓大鱼。

[原文]

释纷利俗，并皆佳妙。毛施淑姿，工颦妍笑。

[译文]

他们或为人解决纠纷，或发明创造为人们的生活带来便利，这些都值得称赞。毛嫱和西施天生丽质，无论是皱眉忧愁，还是喜笑颜开都同样美艳动人。

[原文]

年矢每催，曦晖朗曜(yào)。璇玑悬斡(wò)，晦魄环照。

[译文]

光阴如箭，时光飞逝催人老，太阳的光芒照耀人间。北斗七星悬空转动，或明或暗的月光在苍穹闪耀。

[原文]

指薪修祜(hù)，永绥(suí)吉劭(shào)。矩步引领，俯仰廊庙。

[译文]

像不熄灭的火种一样不断地积德修福，就会永远吉祥幸福。走路要稳重，举止要大方，俯仰之间要像在祖庙里祭祀祖先那样庄重严肃。

[原文]

束带矜(jīn)庄，徘徊瞻眺。孤陋寡闻，愚蒙等诮(qiào)。

[译文]

衣冠整洁，行为端庄，高瞻远瞩。孤陋寡闻、见识短浅的人，与那些愚昧无知的人一样，会遭到别人的嘲笑。

[原文]

谓语助者，焉哉乎也。

[译文]

叫作语气助词的，就是焉、哉、乎、也。

声律启蒙

附录

卷 一

一 东

[原文]

云对雨，雪对风。晚照对晴空。来鸿对去燕，宿鸟对鸣虫。三尺剑[1]，六钧弓[2]。岭北对江东。人间清暑殿[3]，天上广寒宫[4]。两岸晓烟杨柳绿，一园春雨杏花红。两鬓风霜，途次[5]早行之客；一蓑烟雨，溪边晚钓之翁。

嫦娥

[注释]

①三尺剑:《汉书·高帝纪下》:“上击布时，为流矢所中，行道疾。疾甚，吕后迎良医。医入见，上问医。曰:‘疾可治。’于是上嫚骂之，曰:‘吾以布衣提三尺取天下，此非天命乎?命乃在天，虽扁鹊何益!’”

②六钧弓:《春秋左传·定公八年》:“公侵齐，门于阳州，士皆坐列，曰:‘颜高之弓六钧。’”钧:古代重量单位，三十斤为一钧。

③清暑殿:宫殿名。《晋书·孝武帝纪》:“二十一年春正月，造清暑殿。”

④广寒宫:《明皇杂录》:“(唐)明皇与申天师中秋夜游月宫，见榜曰:‘广寒清虚之府。’”本是虚构之事，后以广寒宫为月中仙宫名。

⑤次:此处意为停留。

[原文]

沿对革[1]，异对同。白叟对黄童[2]。江风对海雾，牧子对渔翁。颜巷陋[3]，阮途穷[4]。冀北对辽东。池中

濯足[5]水，门外打头风[6]。梁帝讲经同泰寺[7]，汉皇置酒未央宫[8]。尘虑萦心[9]，懒抚七弦绿绮[10]；霜华满鬓，羞看百炼青铜[11]。

［注释］

①沿：沿袭，遵循。革：变革。

②白叟：白发老人。黄童：儿童，幼童头发色黄，故称。唐韩愈《元和德圣诗》："黄童白叟，踊跃欢呼。"

③颜巷陋：《论语·雍也》："子曰：'贤哉回也，一箪食，一瓢饮，在陋巷，人不堪其忧，回也不改其乐。贤哉，回也！'"颜渊，又名颜回，是孔子的弟子。

④阮途穷：阮指阮籍。《晋书·阮籍传》："（阮籍）时率意独驾，不由径路，车迹所穷，辄恸哭而反。"

⑤濯足：《孟子·离娄上》："有孺子歌曰：'沧浪之水清兮，可以濯我缨；沧浪之水浊兮，可以濯我足。'"濯，洗涤。

⑥打头风：逆风，即石尤风。《韵府群玉》："石尤风，打头逆风也。"又：《琅嬛记》引《江湖记闻》载，商人尤某之妻石氏，阻其夫远行，其父不从，后不归，石氏思夫成疾，死前曰"我欲变成逆风，阻止天下商人远行"。

⑦同泰寺：梁武帝常在同泰寺讲经，传有天雨宝花而下。

⑧未央宫：西汉宫殿名。故址在今陕西省西安市西北长安故城内西南角，唐末毁。

⑨尘虑：凡俗的忧虑。萦：牵挂。

⑩绿绮：晋代傅玄《琴赋序》："楚庄王有琴曰'绕梁'，司马相如有琴曰'绿绮'，蔡邕有琴曰'焦尾'，皆名器也。"

颜　回

此图描绘了颜回在陋巷中"一箪食，一瓢饮"的生活状况。

⑪青铜：古代镜子，以青铜铸造研磨而成，因此称镜为青铜。

[原文]

贫对富，塞对通①。野叟对溪童。鬓皤(pó)②对眉绿，齿皓对唇红。天浩浩，日融融。佩剑对弯弓。半溪流水绿，千树落花红。野渡燕穿杨柳雨，芳池鱼戏芰(jì)荷③风。女子眉纤，额下现一弯新月④；男儿气壮，胸中吐万丈长虹⑤。

[注释]

①塞：阻塞，不顺利。通：通达。

②皤：白色。

③芰荷：菱叶和荷叶。

④新月：指形状如钩的月亮。鲍照《玩月》："始见东南楼，纤纤如玉钩。未映西北墀，娟娟似娥眉。"

⑤长虹：雨气。后用来比喻男子气魄雄伟。《仪礼·聘礼》："气如白虹天也。"

二　冬

[原文]

春对夏，秋对冬。暮鼓对晨钟。观山对玩水，绿竹对苍松。冯妇虎①，叶公龙②。舞蝶对鸣蛩(qióng)③。衔泥双紫燕，课④蜜几黄蜂。春日园中莺恰恰⑤，秋天塞外雁雍雍⑥。秦岭云横⑦，迢(tiáo)递(dì)⑧八千远路；巫山⑨雨洗，嵯峨⑩十二危峰。

[注释]

①冯妇虎：冯妇：人名。《孟子·尽心下》："晋人有冯妇者，善博虎，卒为善士。"

②叶公龙：《庄子》："叶公子高好画龙，天龙闻而下窥，叶公惊走。非好龙者，好似龙者也。"

蟋蟀

③蛩：蟋蟀，一名促织。

④课：采集。

⑤恰恰：自由、和谐。杜甫《江畔独步寻花之六》：“留连戏蝶时时舞，自在娇莺恰恰啼。”

⑥雍雍：鸟鸣和谐貌。《诗经·邶风·匏有苦叶》：“雍雍鸣雁，旭日始旦。”

⑦秦岭云横：韩愈《左迁至蓝关示侄孙湘》：“云横秦岭家何在，雪拥蓝关马不前。”

⑧迢递：形容路途遥远。

⑨巫山：巫山在夔州府巫山县大江之滨，形如巫字，有十二峰。

⑩嵯峨：形容山很高峻。

[原文]

明对暗，淡对浓。上智对中庸[1]。镜奁(lián)对衣笥(sì)[2]，野杵对村舂[3]。花灼烁[4]，草蒙茸[5]。九夏对三冬[6]。台高名戏马[7]，斋小号蟠龙[8]。手擘(bò)蟹螯(áo)从毕卓[9]，身披鹤氅(chǎng)[10]自王恭。五老峰[11]高，秀插云霄如玉笔；三姑石[12]大，响传风雨若金镛[13]。

[注释]

①上智：智力超群的人。《论语·阳货》：“子曰：‘唯上智与下愚不移。’”《孙子·用间》：“故惟明君贤将，能以上智为间者，必成大功。”中庸：儒家的道德标准。指做人处事要不偏不倚，不偏叫中，不变叫庸。

②奁：妇女梳妆用的镜匣。笥：盛衣服的方形竹器。

③杵：用来捣物的木棒。舂：捣去米的皮壳的器具。

④灼烁：明亮闪耀。

⑤蒙茸：纷乱的样子。苏轼《后赤壁赋》：“予乃摄衣而上，履巉岩，

杵 捣

披蒙茸。"

⑥九夏：夏天的九十天。梁朝萧统有"三伏渐终，九夏将谢"之句。 三冬：冬季有三个月，故称三冬。《汉书·东方朔传》："年十三学书，三冬文史足用。"

⑦戏马：指戏马台。《南齐书》："宋武帝在彭城，九日游项羽戏马台。"项羽灭秦后，定都彭城，在城南的南山上，筑台以观戏马，故名戏马台。

⑧蟠龙：斋名。《晋书·刘毅传》："初，桓温起斋，画龙于上，号蟠龙斋，后桓玄篡晋，刘毅起兵讨玄，至是居之，盖毅小字蟠龙。"

⑨擘：分开，裂开。蟹螯：《世说新语》："晋毕卓嗜酒，语人曰：'左手擘蟹螯，右手执酒杯，乐足一生矣。'"

⑩鹤氅：氅，外套。《晋书·王恭传》："王恭尝披鹤氅，涉雪而行，孟昶窥见之，叹曰：'此真神仙中人也！'"

⑪五老峰：庐山有五老峰，秀插云霄。李白《登庐山五老峰》："庐山东南五老峰，青天削出金芙蓉。"

⑫三姑石：唐安廮《三姑石》："雾鬃烟鬟仿佛梳，老翁指点说三姑。"

⑬镛：大钟，古乐器，奏乐时用来表示节拍。

[原文]

仁对义，让对恭①。禹舜对羲农②。雪花对云叶③，芍药对芙蓉。陈后主④，汉中宗⑤。绣虎对雕龙⑥。柳塘风淡淡，花圃月浓浓。春日正宜朝看蝶，秋风那更夜闻蛩。战士邀功，必借干戈⑦成勇武；逸民⑧适志，须凭诗酒养疏慵⑨。

[注释]

①让：礼让。恭：恭敬。

司十月芙蓉花花神谢素秋

②禹舜、羲农：传说中的上古帝王夏禹、虞舜、伏羲、神农。

③雪花：宋苏轼《咏雪》："天巧能开顷刻花。"云叶：《史记》："黄帝与蚩尤战于涿鹿之野。常有五色云止于帝上，金枝玉叶，有花之像。"

④陈后主：《陈书》载，（南朝陈）后主叔宝，字元秀。在位七年为隋灭。

⑤汉中宗：汉宣帝刘询，汉武帝曾孙，在位二十五年病死，庙号为中宗，谥号为宣帝。

⑥绣虎：宋代曾慥《类说·玉箱杂记》："曹植七步成章，号'绣虎'。"雕龙：南朝梁刘勰撰《文心雕龙》十五篇，论古今文体。

⑦干戈：干和戈都是古代的兵器，代指武器。

⑧逸民：指避世隐居的人。

⑨疏慵：闲散。

三　江

［原文］

楼对阁，户对窗。巨海对长江。蓉裳对蕙帐①，玉斝(jiǎ)对银釭(gāng)②。青布幔③，碧油幢④。宝剑对金缸⑤。忠心安社稷⑥，利口覆家邦⑦。世祖中兴延马武⑧，桀王失道杀龙逄(páng)⑨。秋雨潇潇，漫烂黄花都满径；春风袅袅，扶疏绿竹正盈窗。

［注释］

①蓉裳：屈原《楚辞·离骚》："制芰荷以为衣兮，集芙蓉以为裳。"蕙帐：帐的美称。南朝齐孔稚珪《北山移文》："蕙帐空兮夜鹤怨，山人去兮

刘秀

晓猿惊。”蕙，香草名。

②斝：古代盛酒的器具，圆口，三足。《诗经》：“洗爵奠斝。”钉：油灯。

③幔：布帐。

④碧油幢：青绿色的油布车帷。

⑤金缸：长颈的瓮。《汉书》：“醢酒千缸。”宋代王安石诗：“岂惟闲伴倒金缸。”

⑥社稷：古代帝王、诸侯所祭的土神和谷神，借指国家。

⑦利口覆家邦：利口：善于辩论。《论语·阳货》：“恶利口之覆家邦者。”

⑧世祖：指东汉光武帝刘秀。马武：刘秀手下的名将。《后汉书·马武传》载：“马武，字子张，南阳湖阳人也。……更始立，以武为侍郎，与世祖破王寻等。拜为振威将军，与尚书令谢躬共攻王郎。”

⑨龙逄：关龙逄，夏桀在位时任大夫。他敢于直谏，后被桀囚禁杀害。

[原文]

旌(jīng)对旆(pèi)①，盖对幢。故国对他邦。千山对万水，九泽对三江②。山岌岌③，水淙(cóng)淙④。鼓振对钟撞。清风生酒舍，皓月照书窗。阵上倒戈⑤辛纣战，道旁系剑子婴降⑥。夏日池塘，出没浴波鸥对对；春风帘幕，往来营垒燕双双。

[注释]

①旌：旗杆顶上用五色羽毛做装饰的一种旗。旆：古时末端形状像燕尾的旗。

②九泽：古代的九大湖泊。据《周礼·夏官·职方氏》载，它们分别为：杨州具区、荆州云梦、豫州圃田、青州望诸、兖州大野、雍州弦蒲、幽州貕养、冀州杨纡、并州昭馀祁。三江：《尚书·禹贡》：“三江既入，震泽底定。”韦昭云：“三江谓松江、钱塘江、浦阳江。”

③岌岌：形容山势高耸，十分危险。

④淙淙：水流的声音。

⑤倒戈：把武器倒过来指向自己的军队。《尚书·武成》："罔有敌于我师，前徒倒戈，攻于后以北。"指商纣的士卒无心敌武王而倒戈。后来用倒戈表示背叛自己的阵营。

⑥系剑：《史记·高祖本纪》载，汉刘邦元年冬月，王子婴素车白马系剑于道旁以降。子婴，秦始皇之孙。

［原文］

铢(zhū)对两①，只对双。华岳对湘江②。朝车对禁鼓③，宿火对塞缸。青琐闼(tà)④，碧纱窗。汉社对周邦⑤。笙箫鸣细细，钟鼓响摐(chuāng)摐⑥。主簿栖鸾名有览⑦，治中展骥(jì)⑧姓惟庞。苏武牧羊⑨，雪屡餐于北海；庄周活鲋(fù)⑩，水必决于西江。

［注释］

①铢、两：古代重量单位。二十四铢为一两。

②华岳：西岳华山，在今陕西华阴市。湘江：在今湖南境内。

③朝车：古时官廷所用之车。禁鼓：古时宫禁所用之鼓，用来报时。

④青琐：刻在门窗上的青色图文。后也用青琐指刻镂成格的窗户或宫门。《汉书·元后传》："曲阳侯根，骄奢僭上，赤墀青琐。"闼：宫门。

⑤汉社：《汉书·郊祀志》："高祖祷丰枌榆社。"即指汉高祖故里。周邦：《尚书·武成》："惟先王建邦启土。"

⑥摐：敲击钟鼓的声音。

⑦栖鸾：《后汉书·仇览传》载，仇览字季智，一名香，陈留考城人也。年四十，选为蒲县亭长，后为主簿。王涣

苏武

曰："枳棘非鸾凤所栖，百里岂大贤之路？"览，指仇览。

⑧展骥：《三国志·庞统传》载，庞统字士元，初令耒阳，不治。吴将鲁肃遗先主书曰："庞士元非百里才也，使处治中、别驾之任，始当展其骥足耳！"治中、别驾，皆府佐名。骥，千里马。

⑨苏武牧羊：《汉书·苏武传》载，西汉大臣苏武，武帝时为中郎将，出使匈奴，被扣留。"乃徙武北海上无人处，使牧羝。羝乳，乃得归。"苏武持节不屈，留居匈奴十九年，至昭帝时才获释回朝。

⑩庄周活鲋：《庄子·外物》："庄周忿然作色曰：周昨来，有中道而呼者，周顾视车辙中，有鲋鱼焉。周问之曰：'鲋鱼来！子何为者邪？'对曰：'我东海之波臣也，君岂有斗升之水而活我哉？'周曰：'诺，我且南游吴越之王，激西江之水而迎子，可乎？'"

四　支

[原文]

茶对酒，赋对诗。燕子对莺儿。栽花对种竹，落絮对游丝。四目颉(jié)①，一足夔(kuí)②。鸲鹆(qú yù)对鹭鸶③。半池红菡(hàn)萏(dàn)④，一架白荼蘼(tú mí)⑤。几阵秋风能应候，一犁春雨甚知时。智伯恩深⑥，国士吞变形之炭；羊公德大⑦，邑人竖堕泪之碑。

[注释]

①四目颉：《姓氏谱》："仓颉，上古人，生而神圣，有四目。"传说仓颉为造字之祖。

②一足夔：《孔丛子·论书》："鲁哀公问孔子曰：'吾闻夔一足，有异于人，信乎？'子曰：'昔重犁举夔而进，欲求人佐焉。舜曰：一夔足矣。非言止一足也。'公曰：'善。'"后来以"夔一足"表示错误的传言，或指被误解了的文句。

③鸲鹆：俗称八哥鸟。鹭鸶：一种水鸟。

④菡萏：荷花别名。

⑤荼蘼：落叶小灌木，花白色，有香气。《清异录》："荼蘼曰白蔓郎，

以开白花也。”

⑥智伯恩深:《史记·刺客列传》载,赵襄子杀智伯,豫让欲为主报仇,乃吞炭为哑,漆身为癞,使襄子不备。

⑦羊公德大:《晋书·羊祜传》载,羊祜字叔子,武帝时镇荆州,甚得民心。死葬岘山,“(百姓)望其碑者莫不流涕,杜预因名为‘堕泪碑’。”

柳絮吟诗

[原文]

行对止,速对迟。舞剑对围棋。花笺(jiān)对草字,竹简对毛锥[1]。汾水鼎[2],岘(xiàn)山碑[3]。虎豹对熊罴(pí)[4]。花开红锦绣,水漾碧琉璃。去妇因探邻舍枣[5],出妻为种后园葵[6]。笛韵和谐,仙管恰从云里降;橹(lǔ)声咿轧[7],渔舟正向雪中移。

[注释]

①毛锥:毛笔。《新五代史·史弘肇传》:弘肇曰:“安朝廷,定祸乱,直须长枪大剑,若毛锥子安足用哉?”

②汾水鼎:《史记·孝武本纪》:“有司言宝鼎为元鼎,以今年为元封元年。”《汉书·武帝纪》:“(元鼎元年)得鼎汾水上。”

③岘山碑:见前“堕泪碑”注。

④罴:棕熊。

⑤去妇因探邻舍枣:《汉书·王吉传》:“王吉少时,居长安。东家有大枣树,垂吉庭中,吉妇取枣以啖吉。吉后知之,逐去其妇。东家闻而欲伐其树,邻里共止之,因固请吉令还妇。”

⑥出妻为种后园葵:《汉书·董仲舒传》载,公仪休相鲁,食于舍,茹葵而美,且见妻织布,曰:“吾已食禄,又夺园夫红女之利乎?”因拔园葵,出其妻。”后用“出妻拔葵”表示居官者不与民争利。

⑦咿轧:摇橹发出的声音。

[原文]

戈对甲，鼓对旗。紫燕对黄鹂。梅酸对李苦，青眼对白眉①。三弄笛②，一围棋。雨打对风吹。海棠春睡早③，杨柳昼眠迟④。张骏曾为《槐树赋》⑤，杜陵不作海棠诗⑥。晋士特奇，可比一斑之豹⑦；唐儒博识，堪为五总之龟⑧。

[注释]

①青眼:《晋书·阮籍传》载，阮籍能为青白眼，对礼法之士以白眼，惟嵇康赍酒挟琴造之，籍大悦，乃对以青眼。青眼，指眼睛正视时，黑眼珠在中间。后来用青眼表示对人的喜爱或者看重。白眉:《三国志·马良传》载，马良字季常，眉有白毫，弟兄五人皆有才名，并以常为最。谚曰:“马氏五常，白眉最良。”

②三弄笛：指三段的笛曲。有一支古笛曲名为《梅花三弄》。弄，为奏乐或乐曲的一段。

③海棠春睡:《太真外传》载，杨太真初睡起，明皇笑曰:“海棠春睡未足耳。”

杨玉环

④杨柳昼眠:《三辅旧事》:“汉苑有柳状如人形，号曰‘人柳’，一日三眠三起。”

⑤张骏曾为《槐树赋》：按《晋书·李玄盛传》:“河右不生楸、槐、柏、漆，张骏之世，取于秦陇而植之，终于皆死，而酒泉宫之西北隅有槐树生焉，玄盛又著《槐树赋》以寄情。”由此可知赋非张骏所作。

⑥杜陵不作海棠诗:《古今诗话》载，杜陵无海棠诗，以母名海棠也。陆放翁云:“老杜不应无海棠诗，意其失传耳。”

⑦一斑豹:《世说新语·方正》:“王子敬数岁时，尝看诸门生樗蒲，见有胜

负，因曰：‘南风不竞。’门生辈轻其小儿，乃曰：‘此郎亦管中窥豹，时见一斑。’”后用“管中窥豹”喻只见局部，不见全体。

⑧五总龟：《新唐书·殷践猷传》载，殷践猷博通经籍，号“五总龟”。谓“龟千年五聚，问无不知也”。龟每二百年生出二尾称一总，至千岁生出五总为一聚，五总之龟无所不知。

五　微

［原文］

来对往，密对稀。燕舞对莺飞。风清对月朗，露重对烟微。霜菊瘦，雨梅肥。客路对渔矶①。晚霞舒锦绣，朝露缀珠玑②。夏暑客思欹③石枕，秋寒妇念寄边衣④。春水才深，青草岸边渔父去⑤；夕阳半落，绿莎(suō)⑥原上牧童归。

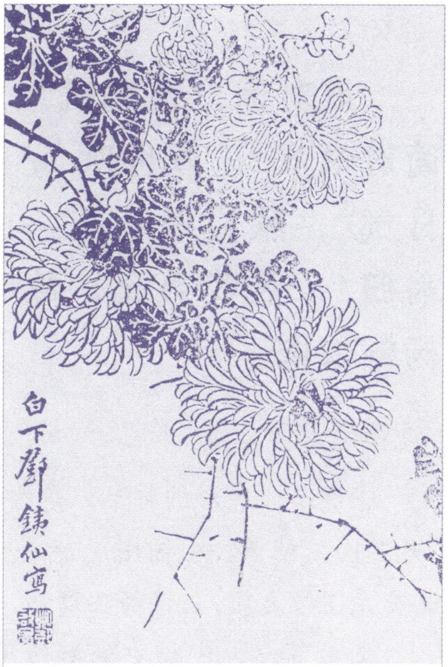

菊

［注释］

①矶：水边突出的岩石或石滩。

②珠玑：珠宝，珠玉。

③欹：倾斜，此处意为斜靠着。

④边衣：汉唐以来，边塞多事，故从征者众。每当秋寒，妇念其夫，则寄征衣。故亦称征衣为边衣。

⑤青草岸边渔父去：唐张志和有“青草湖中月正圆，巴陵渔父棹歌还”之句。

⑥莎：莎草，又叫香附子。

［原文］

宽对猛，是对非。服美对乘肥①。珊瑚对玳瑁(dài mào)，锦绣对珠玑。桃灼灼②，柳依依③。绿暗对红稀。窗前莺并语，帘外燕双飞。汉致太平三尺剑，周臻大定一戎

陶渊明宅旁有五柳树，因以为号

衣④。吟成赏月之诗，只愁月堕；斟满送春之酒，惟憾春归。

［注释］

①乘肥：古称四匹马拉的车为一乘，此处代指马。

②灼灼：形容鲜亮的样子。《诗经·周南·桃夭》：“桃之夭夭，灼灼其华。”

③依依：茂盛的样子。《诗经·小雅·采薇》：“昔我往矣，杨柳依依；今我来思，雨雪霏霏。”

④臻：达到。戎衣：军服。《尚书·武成》：“一戎衣，天下大定。”

［原文］

声对色，饱对饥。虎节对龙旗①。杨花对桂叶，白简对朱衣②。尨(máng)也吠③，燕于飞④。荡荡对巍巍。春暄资日气⑤，秋冷借霜威。出使振威冯奉世⑥，治民异等尹翁归⑦。燕我弟兄，载咏棣(dì)棠韡(wěi)韡⑧；命伊将帅，为歌杨柳依依。

［注释］

①虎节：虎形的符节，是古时使臣所持的信物。《周礼·地官·掌节》：“凡邦国之使节，山国用虎节，土国用人节，泽国用龙节，皆金也。”龙旗：画交龙图纹之旗。《诗经·商颂·玄鸟》：“龙旂十乘，大糦是乘。”

②白简：古代御史奏劾所用之简。简本为竹或木片，纸广泛使用后，书笺也称简。《晋书·傅玄传》载，傅玄性急，每有奏劾，或值日暮，捧白简坐以待旦。朱衣：红衣。宋代欧阳修诗：“文章自古无凭据，惟愿朱衣一点头。”昔时欧阳修被任命主掌贡举考试，每次阅卷，觉得旁边有朱衣人点头，然后批阅着的文章便是合格的。又唐时四五品官穿红色衣服。

③尨也吠：《诗经·召南·野有死麕》：“无使尨也吠。”尨，长毛狗。

④燕于飞：燕子双双飞。《诗经·邶风·燕燕》："燕燕于飞，差池其羽。"

⑤暄：和暖。资：凭借。

⑥冯奉世：《汉书·冯奉世传》载，冯奉世持节使西域，拔破莎车国，要功万里之外，赐关内侯。

⑦尹翁归：《汉书·尹翁归传》载，尹翁归守东海，后迁扶风守，其治民，凡赏善、刑奸、除盗、息课，各异其等。

⑧棣棠韡韡：《诗经·小雅·常棣》："常棣之华，鄂不韡韡。""常棣"同"棠棣"，花木名，后以"棠棣"代指兄弟情谊。韡韡：鲜明茂盛。燕：通"宴"。

六　鱼

[原文]

无对有，实对虚。作赋对观书。绿窗对朱户，宝马对香车。伯乐马①，浩然驴②。弋雁对求鱼③。分金齐鲍叔④，奉璧蔺（lìn）相如⑤。掷地金声孙绰（chuò）赋⑥，回文锦字窦滔书⑦。未遇殷宗，胥靡困傅岩之筑⑧；既逢周后，太公舍渭水之渔⑨。

[注释]

①伯乐马：伯乐是春秋时相马家，名为孙阳。他善于相马，于是人们用神话中掌管天马的星"伯乐"来称呼他。

②浩然驴：明朝张岱《夜航船》卷一《天文部》："孟浩然情怀旷达，尝冒雪骑驴寻梅，曰：'吾诗思在灞桥风雪中驴背上。'"

③弋雁：《诗经·郑风·女曰鸡鸣》："将翱将翔，弋凫与雁。"弋：带有绳子的箭，用以射鸟，这里作动词用。求鱼：《孟子·梁惠王上》："以若所为求若所欲，犹缘木而求鱼也。"爬到树上去找鱼，比喻方法不对，不会有收获。

④分金齐鲍叔：《史记·管晏列传》："管仲曰：'吾始困时，尝与鲍叔贾，分财利，多自与，鲍叔不以我为贪，知我贫也。'"后来用"管鲍之交"来比喻交情深厚。

伯乐相马

⑤奉璧蔺相如:《史记·廉颇蔺相如列传》载，赵得和氏之璧，秦欲以十五城易之。蔺相如奉璧入秦，见秦无意偿城，乃怒发冲冠，使完璧归赵。

⑥孙绰赋:《晋书·孙绰传》:“(孙绰)尝作《天台山赋》，辞致甚工，初成，以示友人范荣期，云:‘卿试掷地，当作金石声也。’”

⑦窦滔书:《晋书·窦滔妻苏氏传》:“窦滔妻苏氏，始平人也，名蕙，字若兰，善属文。滔，苻坚时为秦州刺史，被徙流沙。苏氏思之，织锦为回文诗以赠滔。”

⑧傅岩之筑:《史记·殷本纪》:“武丁夜梦得圣人，名曰说。……于是乃使百工营求之野，得说于傅险中。是时说为胥靡，筑于傅险。见于武丁，武丁曰:‘是也!’得而与之语，果圣人。举以为相，殷国大治。”胥靡，做苦役的人。

⑨渭水之渔：渭水，今陕西水名。传姜太公钓鱼于渭水，文王遇之，与之同载后车，立之为国师。周武王伐商，尊为“师尚父”。

[原文]

终对始，疾对徐①。短褐(hè)对华裾(jū)②。六朝对三国③，天禄对石渠④。千字策⑤，八行书⑥。有若对相如⑦。花残无戏蝶，藻密有潜鱼。落叶舞风高复下，小荷浮水卷还舒。爱见人长，共服宣尼休假盖⑧；恐彰已吝，谁知阮裕竟焚车⑨。

[注释]

①徐：缓慢。

②褐：用粗毛或粗布制成的衣服，古时为穷人所穿。裾：衣服的前后襟。

③六朝：吴始建都于建业（今南京），后东晋、宋、齐、梁、陈相继建

有若

都于此，号六朝。三国：蜀、魏、吴。

④天禄：《汉书·刘向传》载，刘向校书于天禄阁。石渠：《汉书·萧何传》载，萧何建石渠阁以藏图籍，后成帝用以藏秘书。

⑤千字策：《文献通考》载，唐代临轩试以诗赋，至宋始定策试之制，限以千字。

⑥八行书：唐代孟浩然诗："家书寄八行。"汉代马融《与窦伯向书》内有"两纸八行"之语。

⑦有若：孔子弟子，鲁人。相如：一说蔺相如，战国人。一说司马相如，西汉人。

⑧宣尼：孔子字仲尼，后代尊为大成至圣文宣王。假盖：即"借伞"。《孔子家语·致思》："孔子将出而雨，门人曰：'商有盖，请假焉。'子曰：'商为人短于财，吾闻与人交者，推长而违短，故久；吾非不知商有盖，恐不借而彰其过也。'"

⑨焚车：《晋书·阮裕传》载，阮裕字思旷，"有好车，借无不给。有人葬母，意欲借而不敢言。后裕闻之，乃叹曰：'吾有车而使人不敢借，何以车为！'遂命焚之。"

[原文]

麟对凤，鳖对鱼。内史对中书①。犁锄对耒耜(lěi sì)②，畎浍(quǎn kuài)对郊墟③。犀角带④，象牙梳⑤。驷(sì)马对安车。青衣能报赦⑥，黄耳解传书⑦。庭畔有人持短剑⑧，门前无客曳长裾⑨。波浪拍船，骇舟人之水宿；峰峦绕舍，乐隐者之山居。

[注释]

①内史：舍人官。宋苏轼《谢中书舍人表》："右史记言，已尘高选；西垣视草，复玷近班。"中书：中书本为官名，明清时，于内阁置中书若干

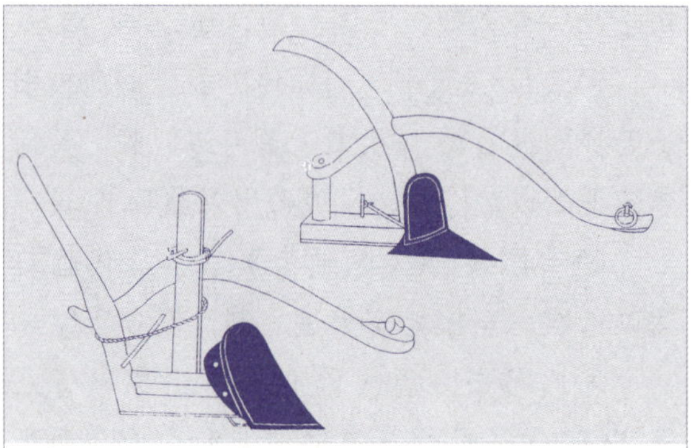

犁

人，掌撰拟、记载、翻译、缮写等职。

②耒耜：古代农具，形状像犁。

③畎、浍：田间的小水沟。墟：村野荒丘。

④犀角带：明代诸司职掌朝服革带，二品用犀角。

⑤象牙梳：唐代崔徽嘲妓李端端诗：“爱把象牙梳掠鬓，昆仑顶上月初生。”

⑥青衣能报赦：《白孔六帖》：“苻坚屏人作赦文，有蝇入室，驱之复来。俄而人知有赦，诘其所得，皆云有青衣人呼于市。坚曰：‘是前青蝇也。’”

⑦黄耳解传书：《述异记》载，陆机在洛阳，有犬名黄耳，能寄书抵家。黄耳，犬名。后用“黄耳”指信使。

⑧短剑：《列国传》载，燕太子丹使荆轲刺秦王，假装献图，图中藏有匕首，秦王觉，乃惊走。匕首即短剑。

⑨长裾：《汉书·邹阳传》载，邹阳《上吴王书》曰：“使臣饰固陋之心，则何王之门不可曳长裾乎？”

七 虞

[原文]

金对玉，宝对珠。玉兔对金乌[①]。孤舟对短棹(zhào)[②]，一雁对双凫(fú)[③]。横醉眼，捻(niǎn)吟须[④]。李白对杨朱[⑤]。秋霜多过雁[⑥]，夜月有啼乌[⑦]。日暖园林花易赏，雪寒村舍酒难沽。人处岭南，善探巨象口中齿[⑧]；客居江右[⑨]，偶夺骊龙颔下珠[⑩]。

[注释]

①金乌：神话说太阳里有金黄色的三足乌鸦，古代人们就把“金乌”作为太阳的别名。

玉兔捣药

②棹：船桨。

③凫：野鸭。

④捻吟须：唐代卢延让《苦吟》诗："吟安一个字，捻断数茎须。"

⑤杨朱：战国时期人，是老子的弟子。他主张"为我""贵生重己"，孟子称其"拔一毛而利天下不为也"。

⑥过雁：《续墨客挥犀》："北方有白雁，秋深则来，来则霜降，河北人谓之霜信。"

⑦啼乌：古有《乌夜啼》曲。

⑧巨象口中齿：《南州异物志》："象脱牙犹自爱惜，掘地藏之。人欲取，必作假牙代之，不令其见，见则后不藏故处。"

⑨江右：指长江下游以西地区，后来称江西省为江右。

⑩骊龙颔下珠：《庄子·列御寇》载，河上翁有子，没渊得千金之珠，翁曰："此珠在骊龙颔下，子能得珠者，遭其睡耳；使寤，子尚奚有哉！"

［原文］

贤对圣，智对愚。傅粉对施朱。名缰对利锁，挈(qiè)榼(kē)[1]对提壶。鸠哺子[2]，燕调雏[3]。石帐对郇(xún)厨[4]。烟轻笼岸柳，风急撼庭梧。鸜(qú)眼[5]一方端石砚，龙涎三炷博山垆(lú)[6]。曲沼鱼多，可使渔人结网[7]；平畴(chóu)兔少，漫劳耕者守株[8]。

［注释］

①榼：酒樽，盛酒的器具。

②鸠哺子：斑鸠哺育幼子。

③燕调雏：《竹溪闲话》："燕雏将长，其母调之使飞。"

④石帐：《晋书·石崇传》载，石崇尝作锦丝步帐五十里。郇厨：《云仙杂记》载，唐韦陟封郇公，性好奢，厨中饮食错杂，人入其中，多饱饫而归。

⑤鹳眼：欧阳修《砚谱》："端石出端溪……有鹳鸽眼为贵。"指端石砚上有鹳眼之形的价值高。端州在今广东肇庆市，是古代石砚的主要产地之一。

⑥龙涎：《香谱》："大食国出龙涎香。"博山垆：香炉名。垆，通"炉"。唐代李白诗："博山炉中沉香火。"

⑦结网：《汉书·董仲书传》："临渊羡鱼，不如退而结网。"

⑧守株：《韩非子·五蠹》："宋耕者见兔走触田中株死，因释耕守株下，冀复得兔。"

［原文］

秦对赵，越对吴。钓客对耕夫。箕裘对杖履①，杞梓对桑榆②。天欲晓，日将晡③。狡兔对妖狐。读书甘刺股④，煮粥惜焚须⑤。韩信⑥武能平四海，左思⑦文足赋三都。嘉遁⑧幽人，适志竹篱茅舍；胜游⑨公子，玩情柳陌花衢(qú)。

韩信登坛拜将

［注释］

①箕裘：《礼记·学记》："良冶之子，必学为裘；良弓之子，必学为箕。"箕，一种用竹篾或柳条做成的器具。箕裘指继承父业。杖履：古代礼仪，五十岁的老人得扶杖，又古人入室必脱鞋于外，而长者可入室而后脱鞋。所以杖履为敬老之词。

②杞梓：两种材质较坚细的木材，喻优秀人才。桑榆：两种常见树木，喻日暮和晚年。

③晡：申时，下午三时至五时。

④刺股：《战国策·秦策》载，苏秦说秦不行，乃夜读书，欲睡，则引锥自刺其股，血流至足。

⑤焚须：《新唐书·李勣传》载，李勣姊病，自为粥而焚其须。

⑥韩信：《汉书》载，韩信佐高祖，平四海，定天下，封淮阴侯。

⑦左思：晋代文学家。《晋书》载，左思《三都赋》十年乃就，人争录之，洛阳因而纸贵。

⑧嘉遁：《易》卦名："嘉遁贞吉。"遁，隐居。

⑨胜游：快意地游览。

八　齐

[原文]

岩对岫(xiù)，涧对溪。远岸对危堤。鹤长对凫短[1]，水雁对山鸡。星拱北，月流西。汉露对汤霓(ní)[2]。桃林[3]牛已放，虞坂(bǎn)[4]马长嘶。叔侄去官[5]闻广受，弟兄让国[6]有夷齐。三月春浓，芍药丛中蝴蝶舞；五更天晓，海棠枝上子规啼。

[注释]

①鹤长对凫短：《庄子·骈拇》："是故凫胫虽短，续之则忧；鹤胫虽长，断之则悲。"

②汉露：《汉书·郊祀志上》载，武帝造金茎玉盘以承露。汤霓：成汤征伐天下，民望之若大旱之望云霓。

③桃林：地名，在华山之东。《周书》载，武王克商后，归马华山之阳，放牛桃林之野。

鹤

④虞坂：地名，在今山西平陆县境内。《战国策·楚策》："夫骥之齿至矣，服盐车而上太行。蹄申而膝折，尾湛胕溃，漉汁洒地，白汗交流，中阪迁延，负辕不能上。伯乐遭之，下车攀而哭之，解纻衣以幂之。"

⑤去官：《汉书·疏广传》："疏广，字仲翁，为太子太傅。兄子受为少傅。广谓受曰：'吾闻知足不辱，知止不殆，

功遂身退，天之道也。’上疏乞归田。”

⑥让国：商末孤竹君死后，两个儿子伯夷、叔齐不愿继承王位，先后逃到周国。

［原文］

云对雨，水对泥。白璧对玄圭(guī)①。献瓜对投李②，禁鼓对征鼙(pí)③。徐稚榻④，鲁班梯⑤。凤翥(zhù)⑥对鸾栖。有官清似水⑦，无客醉如泥⑧。截发⑨惟闻陶侃母，断机⑩只有乐羊妻。秋望佳人，目送楼头千里雁；早行远客，梦惊枕上五更鸡。

［注释］

①白璧：洁白的玉璧。《战国策·燕策》：“苏代为燕说齐，曰：‘臣请献白璧一双，黄金千镒。’”玄圭：黑玉。《尚书·禹贡》：“禹锡玄圭，告厥成功。”

②献瓜：《资治通鉴》载，唐德宗时，有献瓜果欲授官者。投李：《诗经·卫风·木瓜》：“投我以木李，报之以琼玖，匪报也，永以为好也。”

③禁鼓：宫廷中之鼓。鼙：战鼓。

④徐稚榻：《后汉书·徐稚传》载，陈蕃为豫章太守，唯徐稚来特设一榻，去即悬之。

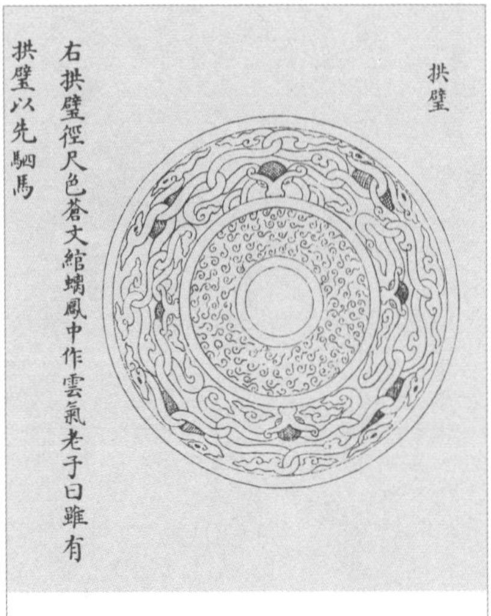

拱 璧

⑤鲁班梯：《墨子·公输》载，公输子名班，又名般，鲁之巧人也。尝为楚造云梯以攻宋。

⑥翥：高飞。

⑦清似水：《汉书·郑崇传》：“上责崇曰：‘君门如市人，何以欲禁切主上？’崇对曰：‘臣门如市，臣心如水。’”

⑧醉如泥：唐李白《襄阳歌》：“旁人借问笑何事？笑杀山公醉如泥。”

⑨截发：《晋书·陶侃传》载，范逵过陶侃家，时仓卒无以待宾，其母乃截

发易酒肴。乐饮极欢，虽仆从亦过所望。

⑩断机：《史记》载，周乐羊子游学，一年归来，妻因断机曰：“君之废学有如此。”羊子感悟，后发奋学为名儒。

弄玉

[原文]

熊对虎，象对犀。霹雳对虹霓。杜鹃对孔雀，桂岭对梅溪。萧史凤[1]，宋宗鸡[2]。远近对高低。水寒鱼不跃，林茂鸟频栖。杨柳和烟彭泽县[3]，桃花流水武陵溪[4]。公子追欢，闲骤玉骢(cōng)游绮陌[5]；佳人倦绣，闷欹(qī)珊枕[6]掩香闺。

[注释]

①萧史凤：《列仙传》载，萧史与秦女弄玉吹箫能引凤凰。

②宋宗鸡：《幽明录》载，晋人宋处宗置一鸡于窗间，作人语，与宗谈论，极有玄致，宗功业大进。后以“鸡窗”谓“书窗”。

③彭泽县：陶渊明曾任彭泽县令，喜在居处植柳树，号“五柳先生”。

④武陵溪：陶渊明《桃花源记》中说，晋太元中，有武陵人捕鱼为业，缘溪行，逢桃花源。

⑤骤：马快跑。玉骢：白马。

⑥珊枕：珊瑚做的枕头。

九　佳

[原文]

河对海，汉对淮。赤岸对朱崖。鹭飞对鱼跃，宝钿[1]对金钗。鱼圉(yǔ)圉[2]，鸟喈(jiē)喈[3]。草履对芒鞋[4]。古贤

尝笃厚，时辈喜诙谐。孟训文公谈性善[5]，颜师孔子问心斋[6]。缓抚琴弦，像流莺而并语；斜排筝柱，类过雁之相挨。

克复传颜

［注释］

①钿：古代妇女的首饰。

②囷囷：不舒展的样子。《孟子·万章上》：“始舍之，囷囷焉。”

③喈喈：禽鸟鸣叫的声音。《诗经·周南·葛覃》：“黄鸟于飞……其鸣喈喈。”

④草履：草鞋。芒鞋：用芒草编的草鞋。

⑤性善：《孟子·滕文公上》：“孟子道性善，言必称尧舜。”

⑥心斋：指没有杂念的纯净心境。《庄子·人间世》：“唯道集虚，虚者心斋也。”

［原文］

丰对俭，等对差。布袄对荆钗。雁行对鱼阵，榆塞对兰崖。挑荠[1]女，采莲娃。菊径对苔阶。诗成六义[2]备，乐奏八音[3]谐。造律吏哀秦法酷[4]，知音人说郑声哇[5]。天欲飞霜，塞上有鸿行已过；云将作雨，庭前多蚁阵先排。

［注释］

①荠：俗称乳浆菜。

②六义：指风、雅、颂、赋、比、兴，为《诗经》之六义。

③八音：古代的八类乐器，即金、石、丝、竹、匏、土、革、木。

④秦法酷：西汉扬雄《解嘲篇》：“甫刑靡敝，秦法酷烈，圣汉权制而萧何造律，宜也。”

⑤郑声哇：郑声，郑地的音乐。哇，靡靡之音。《论语·阳货》：“恶紫之夺朱也，恶郑声之乱雅乐也。”《广韵》：“哇，淫声。”

[原文]

城对市，巷对街。破屋对空阶。桃枝对桂叶，砌蚓①对墙蜗。梅可望②，橘堪怀③。季路对高柴④。花藏沽酒市，竹映读书斋。马首不容孤竹扣⑤，车轮终就洛阳埋⑥。朝宰锦衣，贵束乌犀之带⑦；宫人宝髻，宜簪白燕之钗⑧。

[注释]

①砌蚓：阶砌缝隙中的蚯蚓。

②梅可望：《世说新语·假谲》：“魏武行役，失汲道，军皆渴，乃令曰：‘前有大梅林，饶子，甘酸可以解渴。’士卒闻之，口皆出水，乘此得及前源。”后来用“望梅止渴”比喻愿望无法实现，用空想安慰自己。

③橘堪怀：《三国志·吴书·陆绩传》载，陆绩六岁，袁术出橘，绩怀三枚，拜而堕地。绩曰：“欲归遗母。”术奇之。

④季路：字仲由，孔子的弟子。高柴：孔子的弟子。

⑤“马首”句：《史记·伯夷列传》：“武王载木主，号为文王，东伐纣。伯夷、叔齐叩马而谏曰：‘父死不葬，爰及干戈，可谓孝乎？以臣弑君，可谓仁乎？’左右欲兵之。太公曰：‘此义人也。’扶而去之。”

⑥“车轮”句：《后汉书·张皓附张纲传》载，张纲字文纪，为御史。安帝遣纲按巡风俗，乃埋轮于洛阳都亭曰：“豺狼当道，安问狐狸？”

⑦乌犀之带：《旧唐书·裴度传》：“元和十二年八月三日，（裴）度赴淮西，上御通化门慰勉之。度楼下

杏村沽酒

衔涕而辞，赐之犀带。”后以犀带指朝官之贵。

⑧白燕之钗：《太平御览》所引《洞冥记》载，汉成帝起招灵阁，有神女进一燕钗，帝赐赵婕妤。至昭帝元凤中，宫人犹见此钗，共谋欲碎之，明旦视之，匣唯见白燕直升天去。故宫人作玉钗因改名玉燕钗，言其吉祥。

十 灰

[原文]

增对损①，闭对开。碧草对苍苔。书签对笔架，两曜对三台②。周召(shào)虎③，宋桓魋(tuí)④。阆(láng)苑对蓬莱⑤。薰风⑥生殿阁，皓月照楼台。却马⑦汉文思罢献，吞蝗(huáng)⑧唐太冀移灾。照耀八荒，赫赫丽天秋日；震惊百里，轰轰出地春雷。

却千里马

[注释]

①损：减损。

②两曜：太阳和月亮。三台：星名。分上台、中台、下台，各有两颗星，共六颗。

③召虎：周宣王的大臣。《诗经·大雅·江汉》：“江汉之浒，王命召虎。”

④桓魋：春秋时人。《史记·孔子世家》载，孔子去曹适宋，与弟子习礼大树下。宋司马桓魋欲杀孔子，拔其树。孔子去。弟子曰：“可以速矣。”孔子曰：“天生德于予，桓魋其如予何！”

⑤阆苑、蓬莱：都是传说中的仙境。

⑥薰风：和风，暖风。

⑦却马：《汉书·贾捐之传》载，文帝时有献千里马者，诏还之，罢其献。

⑧吞蝗：《贞观政要·务农》载，唐太宗时蝗灾流行，乃取蝗自吞。曰：“但当食朕心，毋害百姓。”蝗果去。

[原文]

沙对水，火对灰。雨雪对风雷。书淫对传癖[1]，水浒对岩隈(wēi)[2]。歌旧曲，酿新醅(pēi)[3]。舞馆对歌台。春棠经雨放，秋菊傲霜开。作酒固难忘曲蘖(niè)，调羹必要用盐梅[4]。月满庾楼，据胡床而可玩[5]；花开唐苑，轰羯鼓以奚催[6]。

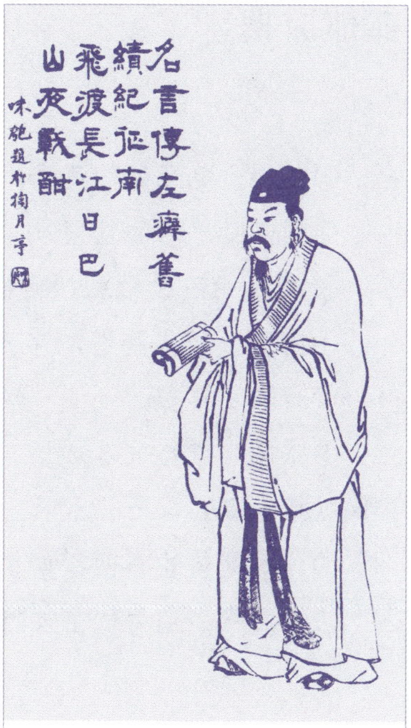

杜预

[注释]

①书淫：指嗜书成癖，好学不倦的人。《晋书·皇甫谧传》载，皇甫谧，字士安，博极群书，时号“书淫”。传癖：《晋书·杜预传》载，杜预，字元凯，好《左传》，谓之传癖。

②浒：水边。隈：山、水的弯曲之处。

③醅：没有过滤的酒。

④曲蘖、盐梅：咸盐与酸梅。《尚书·说命下》：“若作酒醴，尔惟曲蘖；若作和羹，尔惟盐梅。” 后来以此指国家所需要的人才。

⑤庾楼：《世说新语·容止》载，庾亮乘月登南楼，踞胡床自玩。

⑥羯鼓：唐南卓《羯鼓录》载，唐玄宗喜好羯鼓，曾于内庭击鼓，并自制曲《春光好》，及顾柳杏，皆已发拆，上指而笑谓嫔御曰：“此一事不唤我作天公，可乎？”

[原文]

休对咎(jiù)，福对灾。象箸(zhù)对犀杯[1]。宫花对御柳，峻阁对高台。花蓓蕾，草根荄(gāi)[2]。剔藓对剜(wān)苔[3]。雨前庭蚁闹，霜后阵鸿哀。元亮南窗[4]今日傲，孙弘东阁[5]几时开。平展青茵[6]，野外茸茸软草；高张翠幄[7]，庭前

郁郁凉槐。

[注释]

①象箸：象牙做的筷子。犀杯：犀角雕成的酒杯。

②根荄：草木的枯根。

③剜苔：《石鼓歌》："剜苔剔藓露节角。"

④南窗：晋代陶潜，字元亮。他的《归去来兮辞》中说："倚南窗以寄傲，审容膝之易安。"

⑤东阁：款待宾客之所。《汉书·公孙弘传》载，公孙弘为相时，开平津阁以招贤者。

⑥茵：铺垫的东西，如垫子、褥子等。此处指草软如褥。

⑦幄：帐。意为槐垂如帐一样。

十一　真

[原文]

邪对正，假对真。獬豸(xiè zhì)[1]对麒麟。韩卢对苏雁[2]，陆橘对庄椿[3]。韩五鬼[4]，李三人[5]。北魏对西秦。蝉鸣哀暮夏，莺啭(zhuǎn)怨残春。野烧焰腾红烁烁，溪流波皱碧粼粼。行无踪，居无庐，颂成《酒德》[6]；动有时，藏有节，论著《钱神》[7]。

竹林七贤

[注释]

①獬豸：古代传说中的异兽，能辨曲直，敢于用角顶坏人。

②韩卢：狗名。《战国策·秦策》："以秦卒之勇，车骑之多，以当诸侯，譬若驰韩卢而逐蹇兔也。"苏雁：《汉书·苏武传》载，

苏武在匈奴，修书系雁足，雁飞至汉苑，取之，乃知苏书。

③陆橘：见前“橘堪怀”注。庄椿：《庄子·逍遥游》：“上古有大椿者，以八千岁为春，八千岁为秋。”

④韩五鬼：韩愈《送穷文》中称命穷、智穷、学穷、文穷、交穷为“五穷鬼”。

⑤李三人：李白《月下独酌》：“举杯邀明月，对影成三人。”

⑥《酒德》：刘伶作《酒德颂》，中有“行无辙迹，居无室庐”句。

⑦《钱神》：晋代鲁褒著《钱神论》，内有“动静有时，行藏有节”句。

[原文]

哀对乐，富对贫。好友对嘉宾。弹冠对结绶[1]，白日对青春[2]。金翡翠[3]，玉麒麟。虎爪对龙鳞。柳塘生细浪，花径起香尘。闲爱登山穿谢屐(jī)[4]，醉思漉(lù)酒脱陶巾[5]。雪冷霜严，倚槛松筠(yún)[6]同傲岁；日迟风暖，满园花柳各争春。

[注释]

①弹冠：《汉书·王吉传》载，王阳（吉）为益州刺史，贡禹弹其冠，待阳荐，后果为大夫。结绶：结印带，比喻出仕做官。《汉书·萧育传》载，萧育少与朱博善，后彼此荐拔，名著当时。语曰“王贡弹冠，萧朱结绶”。

②白日：唐杜甫《闻官军收河南河北》：“白日放歌须纵酒，青春作伴好还乡。”青春，明媚的春天。

③翡翠：一种鸟的名字，其毛色十分艳丽。

④谢屐：《晋书》载，东晋诗人谢灵运好游，每携屐登山，辄连日不返。

⑤陶巾：《世说补》载，陶潜自已酿

葛巾漉酒

酒，酒熟则取头上葛巾漉之，漉毕复着。

⑥筠：竹外青皮，引申为竹子。

［原文］

香对火，炭对薪。日观对天津[1]。禅心对道眼，野妇对宫嫔(bín)。仁无敌，德有邻。万石对千钧[2]。滔滔三峡水，冉冉一溪冰。充国功名当画阁[3]，子张言行贵书绅[4]。笃志诗书，思入圣贤绝域；忘情官爵，羞沾名利纤尘。

［注释］

①日观：泰山山峰名。《广舆记》："泰山有峰曰日观，鸡鸣可见日。"天津：桥名。宋代邵康节诗："天津桥上闻杜鹃。"

②石：四钧为一石。钧：三十斤为一钧。

③画阁：《汉书》载，宣帝甘露三年（前51年），画赵充国、霍光等十一人图像于麒麟阁。

④书绅：绅，带子。《论语》载，孔子的弟子子张曾将孔子"言忠信，行敬笃"的教诲写在带子上，以示牢记不忘。

十二　文

［原文］

家对国，武对文。四辅对三军[1]。九经对三史[2]，菊馥对兰芬。歌北鄙[3]，咏南薰(xūn)[4]。迩听对遥闻。召(shào)公[5]周太保，李广[6]汉将军。闻化蜀民皆草偃(yǎn)[7]，争权晋土已瓜分[8]。巫峡夜深，猿啸苦哀巴地月[9]；衡峰秋早，雁飞高贴楚天云[10]。

［注释］

①四辅：古代天子有四个辅佐之臣。三军：周代天子有六军，诸侯之大国三军。

李广冥山射虎

②九经：宋刻巾箱本以《易经》《尚书》《诗经》《周礼》《春秋左氏传》《礼记》《孝经》《论语》《孟子》为九经。三史：唐以后以《史记》《汉书》《后汉书》为三史。

③北鄙：音乐名。《孔子家语·辨乐解》："殷纣好为北鄙之声，其废也忽焉。"

④南薰：指舜所作《南风歌》。《孔子家语·辨乐解》载，舜挥五弦琴歌曰："南风之薰兮，可以解吾民之愠兮；南风之时兮，可以阜吾民之财兮。"

⑤召公：名奭，周朝太保。

⑥李广：西汉名将，多次击退匈奴，号为飞将军。

⑦"闻化"句：《蜀志》载，汉景帝时，文翁为蜀郡太守，声教大洽，条教所及，风行草偃。

⑧"争权"句：晋始有六卿：智氏、赵氏、韩氏、范氏、魏氏、中行氏，厥后智、韩、赵、魏共灭范、中行，分其地。未几赵、魏、韩又共灭智氏，分其地。安王二十六年，三家共废晋君，分其地，号三晋。

⑨巫猿：《乐府诗集·杂曲歌辞》载，巫峡猿凡鸣至三声，闻者皆泪。

⑩衡雁：《衡岳志》载，衡岳有回雁峰，故雁至衡阳而止。

[原文]

敧对正，见对闻。偃武对修文[1]。羊车对鹤驾[2]，朝旭对晚曛(xūn)。花有艳，竹成文。马燧(suì)对羊欣[3]。山中梁宰相[4]，树下汉将军[5]。施帐解围[6]嘉道韫(yùn)，当垆(lú)沽酒[7]叹文君。好景有期，北岭几枝梅似雪；丰年先兆，西郊千顷稼如云。

[注释]

①偃武、修文：《尚书·武成》载，武王克商，乃偃武修文。后来用

卓文君

"偃武修文"表示停止战争，修明文教。

②羊车:《晋书·胡贵嫔传》载，武帝幸宫掖，乘羊车任其所之，宫人乃插竹于宫门，以盐汁洒地引之。鹤驾:《列仙传》载，王子晋，周灵王太子也。于缑山乘白鹤仙去，故太子之驾曰"鹤驾"。

③马燧：唐朝宰相。羊欣：字元敬，为新安太守。

④山中梁宰相:《梁书·陶弘景传》载，陶弘景隐居茅山，武帝每有大事则询之，号山中宰相。后来用"山中宰相"指不在其位而谋其政的人，或指隐居的贤士。

⑤树下汉将军:《后汉书·冯异传》:"异为人谦退不伐……每所止舍，诸将并坐论功，异常独屏树下，军中号曰'大树将军'。"后用"大树将军"称廉正的将领。

⑥解围:《晋书·王凝之妻谢氏传》载，王凝之弟献之，与客谈议将屈，嫂（谢）道韫曰:"欲与小郎解围。"乃设帏自蔽，申献之前说，客不能屈。

⑦沽酒:《汉书·司马相如传上》:"相如与俱之临邛，尽卖车骑，买酒舍，乃令文君当垆。"

［原文］

尧对舜，夏对殷。蔡惠对刘蕡(fén)①。山明对水秀，五典对三坟②。唐李杜③，晋机云④。事父对忠君。雨晴鸠唤妇⑤，霜冷雁呼群。酒量洪深周仆射⑥，诗才俊逸鲍参军⑦。鸟翼长随，凤兮洵(xún)众禽长⑧；狐威不假，虎也真百兽尊⑨。

［注释］

①蔡惠：蔡茂。《后汉书》载，蔡茂梦得禾复失，郭乔曰:"禾失为秩，当进爵。"后来果然如此。刘蕡:《旧唐书·刘蕡传》载：刘蕡对策议宦官，

考官不敢取，李郃曰：“刘蕡下第，我辈登科，能无厚颜！”

②五典：少昊、颛顼、高辛、唐、虞之书为五典。三坟：伏羲本山坟作《易》曰《连山》，神农本气坟作《易》曰《归藏》，黄帝本形坟作《易》曰《坤乾》，共称三坟。

③李杜：唐李白、杜甫以诗齐名。

④机云：晋陆机、陆云兄弟以文齐名。

⑤雨晴鸠唤妇：宋陆佃《埤雅》载，鸠天阴则逐其妇，晴则呼之。

⑥周仆射：《晋书·周颛传》载，周颛饮酒无醒日，及为仆射，以酒失略罢去，号“三日仆射”。

⑦鲍参军：南朝宋鲍照官历参军，诗情俊逸；唐杜甫《春日怀李白》：“清新庾开府，俊逸鲍参军。”

⑧“鸟翼”句：《说文》：“凤飞，则君鸟从以万数。”禽长：《孔子家语·执辔》：“羽虫三百六十，而凤为之长。”洵：确实。

⑨“狐威”句：《战国策》载，楚宣王问群臣曰：“北方之民畏昭奚恤，何也？”江乙对曰：“虎得狐欲食之，狐曰：‘无食我，天帝令我长百兽，子如不信，我为子先行，百兽能无走乎？’虎随狐行，兽皆走。虎不知兽之畏己，而反以为畏狐也。今北方非畏昭奚恤，实畏王甲兵耳。”

十三　元

［原文］

幽对显，寂对喧。柳岸对桃源。莺朋[1]对燕友，早暮对寒暄。鱼跃沼[2]，鹤乘轩[3]。醉胆对吟魂。轻尘生范甑(zèng)[4]，积雪拥袁门[5]。缕缕轻烟芳草渡，丝丝微雨杏花村。诣阙(què)王通，献《太平》十二策[6]；出关老子，著《道德》五千言[7]。

［注释］

①莺朋：宋代翁森《四时读书乐》：“好鸟枝头亦朋友，落花水面皆文章。”

②鱼跃沼：《诗经》：“王在灵沼，於牣鱼跃！”

老 子

③鹤乘轩：《左传》载，卫懿公好鹤，尝以乘轩。及狄伐卫，国人受甲者皆曰："使鹤，鹤实有禄位，予焉能战！"

④范甑：《后汉书·范冉传》载，汉代范冉家贫，甑中生尘。

⑤袁门：《后汉书·袁安传》："时大雪，积地丈余。洛阳令身出案行，见人家皆除雪出，有乞食者。至袁安门，无有行路。谓安已死，令人除雪入户，见安僵卧。问何以不出。安曰：'大雪人皆饿，不宜干人。'"

⑥"献策"句：王通曾献《太平策》十二篇于隋文帝，不为所用。

⑦"出关"句：《关令尹喜内传》："尹喜尝登楼，望东极有紫气西迈，曰：'应圣人过京邑。'果见老子骑青牛来过。"《道德》五千言：老子著有《道德经》五千言。

[原文]

儿对女，子对孙。药圃对花村。高楼对邃(suì)阁，赤豹对玄猿。妃子骑①，夫人轩②。旷野对平原。匏(páo)巴③能鼓瑟，伯氏善吹埙(xūn)④。馥馥早梅思驿使⑤，萋萋芳草怨王孙⑥。秋夕月明，苏子黄冈游绝壁⑦；春朝花发，石家金谷⑧启芳园。

[注释]

①妃子骑：《杨妃传》："妃好啖生荔枝，海南每岁七日七夜飞骑献荔枝至京师。"唐杜牧《过华清宫绝句》："一骑红尘妃子笑，无人知是荔枝来。"

②夫人轩：《左传·闵公二年》："归夫人鱼轩。"鱼轩，以鱼皮作装饰的车子。

③匏巴：《荀子·劝学》："昔者匏巴鼓瑟，而流鱼出听。"匏，一种乐器。

④吹埙：《诗经·小雅·何人斯》："伯氏吹埙。"埙，古代土制乐器，椭

圆形，有六孔。

⑤“驿使”句：《荆州记》载，陆凯与范晔善，自江南寄梅一枝与晔，赠诗曰：“折梅逢驿使，寄与陇头人。江南无所有，聊寄一枝春。”

⑥“王孙”句：《楚辞·招隐士》：“王孙游兮不归，春草生兮萋萋。”

⑦黄冈：苏轼《前赤壁赋》：“壬戌之秋，七月既望，苏子与客泛舟游于赤壁之下。”绝壁，指湖北黄州的赤壁。

⑧金谷：《晋书》：“崇有别馆在河阳之金谷，一名梓泽，送者倾都，帐饮于此焉。”。

［原文］

歌对舞，德对恩。犬马对鸡豚。龙池对凤沼①，雨骤对云屯。刘向阁②，李膺(yīng)门③。唳(lì)④鹤对啼猿。柳摇春白昼，梅弄月黄昏。岁冷松筠皆有节，春暄桃李本无言⑤。噪晚齐蝉⑥，岁岁秋来泣恨；啼宵蜀鸟⑦，年年春去伤魂。

江滨梅

［注释］

①龙池、凤沼：皆禁苑池沼名。

②刘向阁：西汉学者刘向曾校书于天禄阁。

③李膺门：《后汉书·李膺传》载，李膺为太尉，独持风厉，登其门者号“登龙门”。

④唳：鸣叫。

⑤无言：《史记·李将军列传》：“桃李不言，下自成蹊。”

⑥齐蝉：《古今注·问答释义》载，牛亨问董仲舒曰：“蝉名齐女者何故？”舒曰：“昔齐王之后怨王而死，尸为蝉，故名齐女。”

⑦蜀鸟：相传蜀帝杜宇死后魂魄化为杜鹃鸟，日夜悲啼。

十四　寒

［原文］

多对少，易对难。虎踞对龙蟠(pán)①。龙舟对凤辇(niǎn)②，白鹤对青鸾。风淅淅，露涛(tuán)涛③。绣毂(qū)④对雕鞍。鱼游荷叶沼，鹭立蓼(liǎo)花滩。有酒阮貂⑤奚用解，无鱼冯铗(jiá)⑥必须弹。丁固梦松⑦，柯叶忽然生腹上；文郎画竹⑧，枝梢倏(shū)尔长毫端。

端阳龙舟

［注释］

①虎踞龙蟠：形容南京地势险要。晋代张勃《吴录》载，汉末刘备使诸葛亮至金陵，谓孙权曰：“(秣陵地形)钟山龙蟠，石城虎踞，此帝王之宅。”

②凤辇：后妃所乘之车。

③涛涛：形容露水很多。

④绣毂：张子容：“绣毂盈香陌。”毂，车轮的中心部分，可以插车轴。

⑤阮貂：《晋书·阮孚传》载，阮孚解金貂换酒。

⑥冯铗：《战国策·齐策》载，孟尝君客有冯谖者，弹剑歌曰：“长铗归来兮，食无鱼。”

⑦梦松：《吴录》载，丁固梦腹上生松，人曰：“松字十八公也。”后十八年果为公。

⑧画竹：文与可善画墨竹，顷刻枝叶皆就。

［原文］

寒对暑，湿对干。鲁隐对齐桓①。寒毡对暖席②，夜饮对晨餐。叔子带③，仲由冠。郏(jiá)鄏(rǔ)对邯郸④。嘉禾忧夏旱，衰柳耐秋寒。杨柳绿遮元亮宅，杏花红映仲尼

坛[5]。江水流长，环绕似青罗带；海蟾轮满，澄明如白玉盘[6]。

［注释］

子路问津

①鲁隐：鲁隐公，春秋时鲁国君主。齐桓：齐桓公，春秋时齐国君主。

②寒毡：唐代郑虔为广文馆学士，仅寒毡一席。暖席：唐代韩愈文："孔席不暇暖。"

③叔子带：《晋书·羊祜传》：羊祜字叔子，任荆州都督，在军常轻裘缓带，身不披甲。

④郏鄏：地名，在河南洛阳，周成王定鼎之地。邯郸：《列仙传》载，唐卢生不遇，与吕翁同寓邯郸道中，主人方炊黄粱，卢具言生来困厄，翁取枕授之，曰："枕此当荣。"卢如其言，果登第，出将入相五十年。忽寤，黄粱未熟。

⑤杏坛：孔子曾在杏坛讲学。

⑥海蟾：指代月亮。《淮南子》："（嫦娥）托身于月，是为蟾蜍，而为月精。"白玉盘：李白《古朗月行》诗："小时不识月，呼作白玉盘；又疑瑶台镜，挂在青云端。"

［原文］

横对竖，窄对宽。黑志对弹丸[1]。朱帘对画栋，彩槛对雕栏。春既老，夜将阑。百辟[2]对千官。怀仁称足足[3]，抱义美般般[4]。好马君王曾市骨[5]，食猪处士仅思肝[6]。世仰双仙[7]，元礼舟中携郭泰；人称连璧[8]，夏侯车上并潘安。

［注释］

①黑志、弹丸：皆指土地狭小。《宋史·赵普传》载，宋太祖欲取太原，

郭泰

赵普曰：“候偹平诸国，弹丸黑志之地将何所避。”

②百辟：诸侯，也泛指百姓。《诗经》：“式是百辟。”

③足足：凤凰鸣声。《文选》：“般般抱义，足足怀仁。”

④般般：麒麟叫声。

⑤“好马”句：《战国策·燕策》载，燕昭王使涓人赍千金市千里马于绝域，至而死，以五百金市其骨而还。

⑥“食猪”句：《后汉书·闵仲叔传》载，闵仲叔尚节，家贫，好食猪肝，安邑令敕吏每日给之，叔曰：“吾岂以口腹累人耶！”遂去之。

⑦双仙：《后汉书·郭太传》载，李元礼与郭泰俱美丰仪。一日同舟，望者以为仙，时号“李郭仙舟”。

⑧连璧：《世说新语·容止》载，夏侯湛与潘岳友善，并美丰仪，二人同舆接茵，京师人皆目之为“连璧”。

十五　删

[原文]

兴对废，附对攀。露草对霜菅（jiān）①。歌廉对借寇②，习孔对希颜③。山垒垒，水潺潺。奉璧对探环④。礼由公旦作⑤，诗本仲尼删⑥。驴困⑦客方经灞（bà）水，鸡鸣人已出函关⑧。几夜霜飞，已有苍鸿辞北塞；数朝雾暗，岂无玄豹⑨隐南山。

[注释]

①菅：芒麻。

②歌廉：《后汉书·廉范传》载，廉叔度为成都太守，百姓歌之曰：“廉

叔度，来何暮？不禁火，民安作。昔无襦，今五袴。”借寇：《后汉书·寇恂传》载，寇恂为河内守，河内完固，当征为执金吾，从过颍川，百姓遮道，愿借寇君一年，上许之。

③习孔：学习孔子的儒学。希颜：效法颜回。

④探环：《晋书·羊祜传》载，羊祜五岁，诣邻人李氏柔木中，得金环。主人曰：“此吾亡儿物也，乃知前身李氏子也。”

⑤礼由公旦作：周公旦制礼作乐。

⑥诗本仲尼删：《史记·孔子世家》载，古者诗本三千余篇，孔子删为三百一十篇。

踏雪寻梅

⑦驴困：孟浩然常骑驴至灞水踏雪寻梅。

⑧函关：《史记·孟尝君列传》载，秦国规定，函谷关鸡鸣始开。孟尝君夜至函关，不得度，客有善鸡鸣者，学鸡鸣而众鸡皆鸣，遂度关。

⑨玄豹：《列女传·贤明》：“陶答子治陶三年，名誉不兴，家富三倍。其妻独抱儿泣。姑（婆母）怒，以为不祥。妻曰：‘妾闻南山有玄豹，隐雾而七日不食，欲以泽其皮毛，成其文章。至于犬豕，肥以取之，逢祸必矣。’期年，答子之家果被盗诛。”后以“玄豹隐雾”喻指幽栖远害。

[原文]

犹对尚，侈对悭(qiān)。雾鬓对烟鬟。莺啼对鹊噪，独鹤对双鹇(xián)[1]。黄牛峡[2]，金马山[3]。结草对衔环[4]。昆山[5]惟玉集，合浦[6]有珠还。阮籍旧能为眼白[7]，老莱新爱着衣斑[8]。栖迟避世人，草衣木食[9]；窈窕倾城女，云鬓花颜。

[注释]

①鹇：白鹇鸟。《西京杂记》：“越王献高帝白鹇、黑鹇各一只。”

②黄牛峡：在湖北宜昌西，又名黄牛山。

③金马山：《汉书·郊祀志下》：“或言益州有金马、碧鸡之神，可醮祭而致。”云南昆明市东有金马山，西有碧鸡山，两山相对，山上都有神祠。

④结草：《左传·宣公十五年》载，晋魏颗父武子有嬖妾，武子病，命颗曰：“必嫁是。”病笃，又曰：“必以为殉。”及死，颗曰：“宁从治命。”嫁之。后秦晋战，颗见老人结草以抗杜回，回颠，颗获之。夜梦老人云：“余，而所嫁妇人之父也。尔用先人之治命，余是以报。”衔环：《后汉书·杨震传》载，杨宝（杨震父）收一被创黄雀，医而放之。一日化为黄衣少年，赠玉环四枚给杨宝以报之。

⑤昆山：昆仑山，古代产玉之地。

⑥合浦：《后汉书·孟尝传》载，合浦出珠，民采珠以易米。先时宰守贪，珠皆徙去。后孟尝为守，去珠复还。

⑦眼白：晋代阮籍能为青白眼，见前注。

⑧衣斑：《二十四孝》载，周代老莱子事亲至孝，年近七十，仍着五色衣戏舞以娱亲。

⑨草衣木食：《晋书·庾衮传》：“庾贤绝尘避地，超然远迹，固穷安陋，木食山栖，不与世同荣，不与人争利。”草衣，草色之服。木食，以果实为食。

［原文］

姚对宋①，柳对颜②。赏善对惩奸。愁中对梦里，巧慧对痴顽。孔北海③，谢东山④。使越对征蛮。淫声闻濮上⑤，离曲听阳关⑥。骁(xiāo)将袍披仁贵白⑦，小儿衣着老莱斑。茅舍无人，难却尘埃生榻上；竹亭有客，尚留风月在窗间。

［注释］

①姚、宋：唐代姚崇与宋璟齐名，二人是唐玄宗时的名相。

②柳、颜：柳公权、颜真卿皆善书法，人称“颜筋柳骨”。

③孔北海：孔融字文举，为北海相。

④谢东山：谢安，晋朝宰相，曾居江宁东山。

⑤濮上：《史记·乐书》载，卫灵公与师涓过濮上，夜闻新声。及适晋，

晋平公命奏，师旷曰："昔纣亡，沉乐器于濮水，今日之乐，是必为濮上之音，乃纣亡国之音也。"

⑥阳关：唐王维《渭城曲》诗："劝君更尽一杯酒，西出阳关无故人。"后人用此谱有《阳关三叠》曲。

⑦白袍：薛仁贵常服白袍，号"白袍将军"。

谢安东山携妓

卷二

一 先

［原文］

晴对雨，地对天。天地对山川。山川对草木，赤壁对青田[1]。郏鄏(jiá rǔ)鼎，武城[2]弦。木笔对苔钱[3]。金城三月柳[4]，玉井九秋莲[5]。何处春朝风景好，谁家秋夜月华圆。珠缀花梢，千点蔷薇香露；练横树杪，几丝杨柳残烟。

武城弦歌

［注释］

①赤壁：苏子泛舟处。青田：地名，位于浙江。唐代司空曙诗：“青田红树起乡愁。”

②武城：鲁国的小城邑。孔子弟子子游为武城县令，曾以弦歌教化民众。

③木笔：指辛夷花。《群芳谱》：“辛夷曰木笔花。”苔钱：苔藓散地如钱。

④金城：关中金城千里皆植柳。

⑤玉井：韩愈《古意》：“太华峰头玉井莲，花开十丈藕如船。”

［原文］

前对后，后对先。众丑对孤妍。莺簧对蝶板[1]，虎穴对龙渊[2]。击石磬[3]，观韦编[4]。鼠目对鸢(yuān)肩[5]。春园花柳地，秋沼芰荷天。白羽[6]频挥闲客坐，乌纱[7]半坠醉翁眠。野店几家，羊角[8]风摇沽酒旆(pèi)；长川一带，鸭头波[9]泛卖鱼船。

[注释]

①莺簧：谓莺鸣啭如笙簧。蝶板：蝴蝶两翅飞舞如拍板。

②虎穴：《三国志·吕蒙传》："不入虎穴，焉得虎子。"龙渊：古人谓藏龙之渊，实即深潭。《淮南子·地形训》："清水有黄金，龙渊有玉英。"一说剑名。

韦编三绝

③击磬：孔子曾击磬于卫。

④韦编：孔子读《易》，由于翻阅过多，致使连缀竹简的皮绳断了几次，称为"韦编三绝"。韦，熟牛皮。

⑤鼠目：《新唐书·李揆传》："初，苗晋卿数荐元载，揆轻载地寒，谓晋卿曰：'龙章凤姿士不见用，獐头鼠目子乃求官邪？'"鸢肩：谓两肩上耸像鸱，面有红光。《新唐书·马周传》载，岑文本谓马周曰："然鸢肩火色，腾上必速，恐不能久。"

⑥白羽：武侯诸葛亮常摇白羽扇。

⑦乌纱：《晋书·阮籍传》载，阮籍常醉眠邻妇侧，乌纱帽半坠。

⑧羊角：《庄子·逍遥游》："抟羊角而上者，九万里回风也。"

⑨鸭头波：绿波。

[原文]

离对坎，震对乾①。一日对千年。尧天对舜日，蜀水对秦川。苏武节②，郑虔毡。涧壑对林泉。挥戈③能退日，持管④莫窥天。寒食芳辰花烂漫，中秋佳节月婵娟。梦里荣华，飘忽枕中之客；壶中⑤日月，安闲市上之仙。

[注释]

①离、坎、震、乾：八卦中的四种卦名。

②苏武节：汉朝苏武出使匈奴，被扣留十九年，持节不降。

③挥戈：《淮南子·览冥训》载，鲁阳公与韩战，忽日暮，阳公挥戈止之，日退三舍。

④持管：《庄子·秋水》："是直用管窥天，用锥指地也，不亦小乎？"

⑤壶中：《列仙传》载，费长房遇翁卖药，挂壶于市，倦入壶中，费因拜翁与之俱入，见壶中玉堂华丽。

二　萧

［原文］

恭对慢，吝对骄。水远对山遥。松轩对竹槛，《雪赋》对风谣①。乘五马②，贯双雕③。烛灭对香消。明蟾常彻夜，骤雨不终朝。楼阁天凉风飒飒，关河地隔雨潇潇。几点鹭(lù)鸶(sī)，日暮常飞红蓼(liǎo)岸；一双鸂(xī)鶒(chì)④，春朝频泛绿杨桥。

一箭双雕

［注释］

①《雪赋》：南朝宋谢惠连著《雪赋》。风谣：反映风土民情的歌谣。

②五马：汉时太守乘坐的车用五匹马驾辕，因借指太守的车驾。

③双雕：《新唐书·高骈传》载，高骈一箭贯双雕。

④鸂鶒：古书上指像鸳鸯一样的水鸟。

［原文］

开对落，暗对昭。赵瑟对虞韶①。轺(yáo)车②对驿骑，锦绣对琼瑶。羞攘臂③，懒折腰④。范甑(zèng)对颜瓢。寒天鸳帐酒⑤，

夜月凤台箫。舞女腰肢杨柳软，佳人颜貌海棠娇。豪客寻春，南陌草青香阵阵；闲人避暑，东堂蕉绿影摇摇。

[注释]

①赵瑟：《史记 · 廉颇蔺相如列传》载，秦赵会于渑池，秦王曰："闻赵王好音，请鼓瑟。"赵王鼓瑟。蔺相如曰："闻秦王善为秦声，请奏盆缶。"秦王不许，相如迫之，乃亲击缶。虞韶：虞舜所作的乐曲。

②轺车：轻便的小车。

③攘臂：伸出胳膊。《庄子 · 人间世》载，齐有征役，支离疏攘臂游其间。

④折腰：《晋书 · 陶潜传》载，陶渊明羞为五斗米折腰。五斗米，晋时县令每月的俸禄数。

⑤鸳帐酒：《尧山堂外纪 · 卷四十二》载，陶谷得党太尉姬，取雪水烹茶与姬饮，问党家有此乐否？姬曰：彼武人，安有此乐？但知销金帐中饮羊羔酒耳。

[原文]

班对马①，董对晁(cháo)②。夏昼对春宵。雷声对电影，麦穗对禾苗。八千路③，廿四桥④。总角对垂髫(tiáo)⑤。露桃匀嫩脸，风柳舞纤腰。贾谊赋成伤鵩(fú)鸟⑥，周公诗就托鸱(chī)鸮(xiāo)⑦。幽寺寻僧，逸兴岂知俄尔尽；长亭送客，离魂不觉黯然消。

[注释]

①班马：指班固、司马迁。

②董晁：董仲舒、晁错，皆博通经籍。

③八千里：唐人诗："八千里路透神京。"

④廿四桥：扬州有二十四桥。杜牧《寄韩绰判官》："二十四桥明月夜，玉人何处教吹箫。"

鸱 鸮

⑤总角：古代未成年的人把头发扎成髻。借指童年时期。垂髫：指古代儿童犹未束发时自然下垂的短发。

⑥鹏鸟：鹏，不祥之鸟，即猫头鹰。贾谊《鹏鸟赋》载，有一天有鹏鸟飞到贾谊家中，贾谊感到伤怀，因而作赋。

⑦鸱鸮：周初武王之弟管叔、蔡叔散布谣言说周公有异心，周公作《鸱鸮》之诗以表忠心。

三　肴

[原文]

风对雅[1]，象对爻[2]。巨蟒对长蛟。天文对地理，蟏蛸对螵蛸（piāo xiāo）[3]。龙夭矫[4]，虎咆哮。北学对东胶[5]。筑台须垒土，成屋必诛茅。潘岳不忘《秋兴赋》[6]，边韶常被昼眠嘲[7]。抚养群黎，已见国家隆治；滋生万物，方知天地泰交。

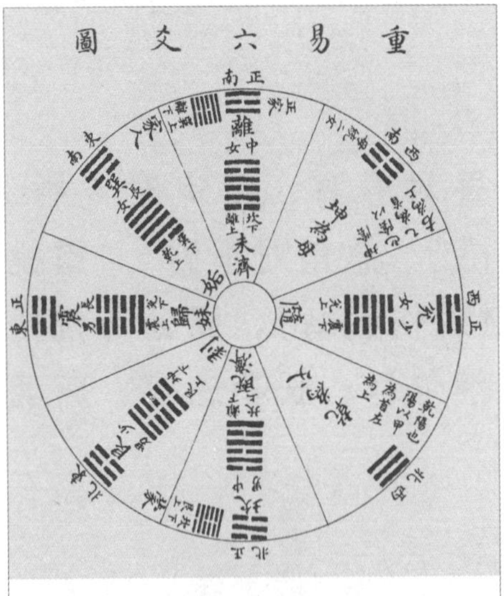

重易六爻图

[注释]

①风、雅:《诗经》分风、雅、颂。

②象、爻：象即《易》中的象卦，爻即组成八卦的横画。

③螵蛸：海螵蛸，一名乌贼鱼骨。一说指螳螂的卵块。

④夭矫：屈伸。

⑤北学：周代设在京城的最高学府之一。东胶：周代大学。《礼记·王制》：“周人养国老于东胶。”

⑥《秋兴赋》：西晋文学家潘岳著《秋兴赋》。

⑦昼眠嘲:《后汉书·边韶传》载，边韶，字孝先，喜昼眠，弟子嘲之。韶曰：“边为姓，孝先字，腹便便，《五经》笥，但欲眠，思经事”。

[原文]

蛇对虺(huǐ)①，蜃对蛟。麟薮(sǒu)对鹊巢②。风声对月色，麦穗对桑苞③。何妥④难，子云⑤嘲。楚甸对商郊。五音惟耳听，万虑在心包。葛被汤征因仇饷⑥，楚遭齐伐责包茅⑦。高矣若天⑧，洵是圣人大道；淡而如水⑨，实为君子神交。

[注释]

①虺：古书上说的一种毒蛇。

②麟薮：汉桓宽《盐铁论·和亲》：“凤凰在列树，麒麟在郊薮。”鹊巢：《诗经·召南·鹊巢》：“维鹊有巢，维鸠居之。”

③麦穗：《北齐书》载，魏兰根为岐州刺史，麦多五穗。桑苞：《易》：“系于苞桑。”

④何妥：《隋书》载，元善为祭酒，讲春秋，私谓何妥曰：“名望已定，幸无相苦。”妥然之。及就席，妥引滞义以难，多不能对，由是有隙。

⑤子云：扬雄，字子云。《汉书》载，扬雄因有人嘲讽他著书脱离实际，作《解嘲》一文。

⑥仇饷：《尚书》载，葛伯仇饷，汤往征之。仇饷，杀人而夺去饷赠的食物。

⑦包茅：《左传·僖公四年》载，齐桓伐楚，责以包茅不贡。包茅，是楚国向周王进贡的礼物。

⑧若天：《孟子·尽心上》：“公孙丑曰：‘道则高矣，美矣，宜若登天然。’”

⑨如水：《庄子·山木》：“君子之交淡如水，小人之交甘若醴。”

黎杖叟

[原文]

牛对马，犬对猫。旨酒对嘉肴。桃红对柳绿，竹叶对松

梢。藜(lí)杖叟，布衣樵。北野对东郊。白驹形皎皎[1]，黄鸟语交交[2]。花圃春残无客到，柴门夜永有僧敲[3]。墙畔佳人，飘扬竞把秋千舞；楼前公子，笑语争将蹴(cù)鞠(jū)抛[4]。

［注释］

①白驹：《诗经·小雅·白驹》：“皎皎白驹，食我场苗。”

②黄鸟：《诗经·秦风·黄鸟》：“交交黄鸟，止于棘。”

③僧敲：唐贾岛《题李凝幽居》：“鸟宿池边树，僧敲月下门。”

④蹴鞠：古代一种类似现代足球的运动。蹴，踢。鞠，皮球。

四　豪

［原文］

琴对瑟，剑对刀。地迥对天高。峨冠对博带[1]，紫绶对绯[2]袍。煎异茗，酌香醪(láo)[3]。虎兕(sì)对猿猱(náo)[4]。武夫攻骑射，野妇务蚕缫(sāo)。秋雨一川淇澳[5]竹，春风两岸武陵桃。螺髻[6]青浓，楼外晚山千仞；鸭头绿腻[7]，溪中春水半篙。

［注释］

①峨冠：高冠。博带：宽大的带子。

②绯：红色。

③醪：酒。

④兕：雌的犀牛。猱：猴。

⑤淇澳：《诗经·卫风·淇奥》：“瞻彼淇奥，绿竹猗猗。”淇，黄河的支流，从河南汲县淇门镇流入黄河。“奥”通“澳”，水边之地。

⑥螺髻：螺壳状的发髻。

⑦腻：浓。

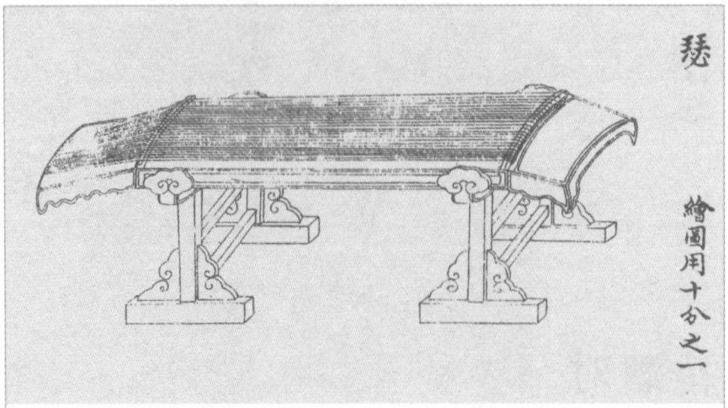

瑟

[原文]

刑对赏，贬对褒。破斧对征袍。梧桐对橘柚，枳(zhǐ)棘对蓬蒿。雷焕剑①，吕虔刀②。橄榄对葡萄。一椽(chuán)书舍小，百尺酒楼高。李白能诗时秉笔，刘伶爱酒每餔(bù)糟③。礼别尊卑，拱北众星常灿灿；势分高下，朝东万水自滔滔。

[注释]

①雷焕剑：《晋书·张华传》载，雷焕掘丰城吴狱得二剑，一与张华，一自佩。华诛，剑遂失，焕卒，子华佩父剑过延平津，忽于腰间跃出堕水。入水求之，见两龙在水。

②吕虔刀：三国魏吕虔以王祥有三公之量，解佩刀相赠，后果为三公。

③餔：吃。糟：酒糟，此处指带有尚未过滤的渣滓的酒。

[原文]

瓜对果，李对桃。犬子对羊羔。春分对夏至，谷水对山涛。双凤翼，九牛毛①。主逸对臣劳。水流无限阔，山耸有余高。雨打村童新牧笠，尘生边将旧征袍。俊士居官，荣列鹓(yuān)鸿之序②；忠臣报国，誓殚犬马之劳。

[注释]

①九牛毛：喻数量大。《晋书·华谭传》载，有人问谭曰："谚言：'人之相去如九牛毛。'宁有此理乎？"

②鹓鸿之序：鹓鸿群飞有序，如朝臣之行列整齐。

五　歌

[原文]

山对水，海对河。雪竹对烟萝。新欢对旧恨，痛饮对高歌。琴再抚，剑重磨。媚柳对枯荷。荷盘从雨洗，

阮 籍

柳线任风搓。饮酒岂知攲(qī)醉帽[1]，观棋不觉烂樵(qiáo)柯[2]。山寺清幽，直踞千寻云岭；江楼宏敞，遥临万顷烟波。

［注释］

①醉帽：晋阮籍之醉态，见前注。

②烂樵柯：《述异记》载，晋樵者王质见二童子围棋，置斧于地而观之。童子曰：尔斧柯烂矣。质归乡里，无复时人。

［原文］

繁对简，少对多。里[1]咏对途歌。宦情对旅况，银鹿对铜驼[2]。刺史鸭[3]，将军鹅[4]。玉律对金科。古堤垂亸(duǒ)[5]柳，曲沼长新荷。命驾[6]吕因思叔夜，引车[7]蔺为避廉颇。千尺水帘，今古无人能手卷；一轮月镜，乾坤何匠用功磨。

［注释］

①里：里弄。

②银鹿：颜真卿家僮名银鹿。铜驼：宫门两旁常置铜驼。此处用来形容亡国后的衰败景象。《晋书·索靖传》："靖有先识远量，知天下将乱，指洛阳宫门铜驼叹曰：'会见汝在荆棘中耳！'"

③刺史鸭：唐代韦应物为刺史，畜鸭，号鸭为"绿头公子"。

④将军鹅：《晋书·王羲之传》载，王羲之性好鹅，山阴道士赠以鹅，求写《道德经》。

⑤亸：垂着。

⑥命驾：《晋书·嵇康传》载，吕因与嵇叔夜友善，每当想念嵇叔夜时，就不远千里命人驾车去拜访。

⑦引车：《列国传》载，蔺相如因为保全赵璧位列上卿，廉颇心怀不满，

宣言必欲辱之。相如每出，引车避颇，家人以为耻。相如曰：“此先国家之急而后私仇也。”颇闻之，负荆造门请罪。

楚狂接舆

［原文］

霜对露，浪对波。径菊对池荷。酒阑对歌罢，日暖对风和。梁父咏[1]，楚狂歌[2]。放鹤对观鹅。史才推永叔[3]，刀笔[4]仰萧何。种橘[5]犹嫌千树少，寄梅谁信一枝多。林下风生，黄发村童推牧笠；江头日出，皓眉溪叟晒渔蓑。

［注释］

①梁父：山名，泰山下的一座小山。诸葛亮居隆中，常作《梁父吟》。

②楚狂：陆通，字接舆，春秋末楚国人，因为楚昭王政令无常，所以他披发佯狂不仕，曾唱着歌经过孔子身边，人称之楚狂。

③永叔：欧阳修字永叔，曾与宋祁合修《新唐书》，自撰《新五代史》。

④刀笔：古代用刀在竹简上刻字。萧何：汉高祖刘邦的大臣，曾制定《汉律》九章。

⑤种橘：李衡种橘千树。

六　麻

［原文］

松对柏，缕对麻。蚁阵对蜂衙[1]。赪(chēng)[2]鳞对白鹭，冻雀对昏鸦。白堕酒[3]，碧沉茶。品笛对吹笳(jiā)。秋凉梧堕叶，春暖杏开花。雨长苔痕侵壁砌，月移梅影上窗纱。飒飒秋风，度城头之筚篥[4]；迟迟晚照，动江上之琵琶。

[注释]

①蜂衙：众蜂簇拥蜂王，如朝拜屏卫，称蜂衙。宋陆游《青羊宫小饮赠道士》：“微雨晴时看鹤舞，小窗幽处听蜂衙。”

②赪：红色。

③白堕酒：酒名，北魏河东人刘白堕善酿酒，故名。后世泛指美酒。

④筚篥：少数民族管乐器，用以警马。

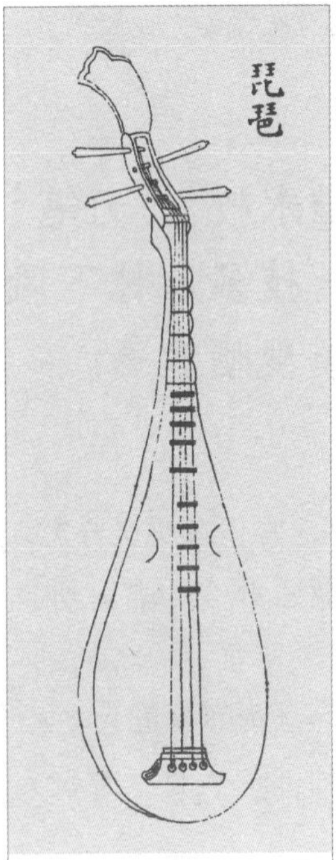

琵琶

[原文]

优对劣，凸对凹。翠竹对黄花。松杉对杞(qǐ)梓(zǐ)，菽(shū)麦对桑麻。山不断，水无涯。煮酒对烹茶。鱼游池面水，鹭立岸头沙。百亩风翻陶令秫(shú)①，一畦(qí)雨熟邵平瓜②。闲捧竹根③，饮李白一壶之酒；偶擎桐(tóng)叶④，啜卢仝七碗⑤之茶。

[注释]

①陶令秫：秫，即今高粱。陶潜为彭泽令，种秫百亩。

②邵平瓜：秦代东陵侯邵平在秦亡后，种瓜长安城，世称“东陵瓜”，有五色，甚美。后用“东陵瓜”表示对隐逸生活的羡慕。

③竹根：酒杯名。

④桐叶：茶盏名。

⑤七碗：卢仝，中唐诗人，善于品茶。其《走笔谢孟谏议新茶》诗：“七碗吃不得也，但觉两腋习习清风生。”

[原文]

吴对楚，蜀对巴。落日对流霞。酒钱对诗债①，柏叶对松花。驰驿骑，泛仙槎(chá)②。碧玉对丹砂。设桥偏送笋③，开道竟还瓜④。楚国大夫沉汨(mì)水⑤，洛阳才子谪长

沙[6]。书箧琴囊，乃士流活计；药炉茶鼎，实闲客生涯。

［注释］

①酒钱：刘延之与陶潜二万钱，陶全还酒家。诗债：宋代苏轼诗：“口业不停诗有债。”

②仙槎：传说中可以往来天上的木筏。

③送笋：《宋书·郭原平传》载，郭原平见人盗笋，苦于过沟，乃伐树为桥与盗过，盗惭，将笋送还。

④还瓜：晋桑虞见人盗瓜，以园篱多刺，乃开一道。盗感之，还瓜叩头请罪。

⑤汨水：楚大夫屈原以忠见疑于楚怀王，乃自沉汨水。

⑥长沙：汉代贾谊为洛阳才子，被文帝谪为长沙王太傅。

七　阳

［原文］

高对下，短对长。柳影对花香。词人对赋客，五帝对三王[1]。深院落，小池塘。晚眺对晨妆。绛霄唐帝殿[2]，绿野晋公堂[3]。寒集谢庄衣上雪[4]，秋添潘岳鬓边霜[5]。人浴兰汤[6]，事不忘于端午；客斟菊酒[7]，兴常记于重阳。

菊

［注释］

①五帝：少昊、颛顼、高辛氏、尧、舜。三王：夏禹、商汤、周武王。

②绛霄：唐庄宗有绛霄殿。

③绿野：唐朝斐度封晋公，建第号“绿野堂。”

④“谢庄”句：《宋书·符瑞志传》载，谢庄下朝，雪集衣上。回殿告上，上以之为祥瑞。

⑤“潘岳”句：晋时潘岳三十二岁见白发，形容未老先衰。

⑥兰汤：有芬芳香味的热水。《楚辞·九歌·云中君》：“浴兰汤兮沐芳。”后人端午吊屈原，多循此故事。

⑦菊酒：南朝梁吴均的《续齐谐记》载，费长房谓桓景曰：“汝家九月九日有难，可令家人登高山，戴朱臾，饮菊酒，可避。”九月九日亦称“重阳”。魏晋后，于此日登高游宴形成习俗。

［原文］

尧对舜，禹对汤。晋宋对隋唐。奇花对异卉，夏日对秋霜。八叉手①，九回肠②。地久对天长。一堤杨柳绿，三径菊花黄③。闻鼓塞兵方战斗，听钟宫女正梳妆④。春饮方归，纱帽半淹邻舍酒；早朝初退，衮(gǔn)衣微惹御炉香⑤。

［注释］

①八叉手：双手相拱八次。唐代诗人温庭筠才思敏捷，工诗赋，每入试，八叉手而八韵成，人称“温八叉”。

②九回肠：汉代司马迁《报任少卿书》：“是以肠一日而九回。”形容极度的忧思。

③三径：东晋陶潜《归去来兮辞》：“三径就荒，松菊犹存。”三径，指家园或隐士居所。

④听钟：《南齐书·武穆裴皇后传》载，武帝于景阳楼设钟，钟鸣则宫人皆起。

⑤衮衣：唐代贾至《早朝大明宫》：“剑佩声随玉墀步，衣冠身惹御炉香。”衮衣，指古代帝王及大臣绣龙的礼服。

［原文］

荀对孟①，老对庄②。亸(duǒ)柳对垂杨。仙宫对梵(fàn)宇③，小阁对长廊。风月窟，水云乡。蟋蟀对螳螂。暖烟香霭(ǎi)霭，寒烛影煌煌。伍子④欲酬渔父剑，韩生⑤尝窃贾公香。三月韶光，常忆花明柳媚；一年好景，难忘橘绿橙黄。

[注释]

①荀、孟：荀卿、孟轲。

②老、庄：老子、庄周。

③梵宇：僧寺。

④伍子：《史记 · 伍子胥列传》载，楚捕子胥，至江，胥急欲渡，有渔父以舟渡之，胥解剑酬渔父。父曰："楚法得子胥，赐粟五万斛，爵执珪，岂但百金之剑耶？"

⑤韩生：《晋书 · 贾充传》载，晋武帝赐贾充以异香，贾充之女与韩寿通，窃香以予寿。充觉，秘其事，遂以女妻寿。

庄 子

八 庚

[原文]

深对浅，重对轻。有影对无声。蜂腰对蝶翅，宿醉对余酲(chéng)。天北缺①，日东升。独卧对同行。寒冰三尺厚，秋月十分明。万卷书容闲客览，一樽酒待故人倾。心侈唐玄，厌看霓裳之曲②；意骄陈主，饱闻玉树之赓(gēng)③。

[注释]

①天北缺：《淮南子 · 天文训》："昔者共工与颛顼争为帝，怒而触不周之山，天柱折，地维绝。天倾西北，故日月星辰移焉；地不满东南，故水潦尘埃归焉。

②霓裳之曲：河西节度使杨敬述献唐玄宗此曲，玄宗将其更名为《霓裳羽衣曲》。

③玉树之赓：《隋书》载，陈后主作《玉树后庭花》曲，后人以之为亡国之音。赓，连续，继续。

[原文]

虚对实，送对迎。后甲对先庚①。鼓琴对弹瑟，搏

虎对骑鲸[2]。金匼(kē)匝[3]，玉瑽(cōng)琤(chēng)[4]。玉宇对金茎[5]。花间双粉蝶，柳内几黄莺。贫里每甘藜(lí)藿(huò)[6]味，醉中厌听管弦声。肠断秋闺，凉吹已侵重被冷；梦惊晓枕，残蟾犹照半窗明。

［注释］

①后甲：《易经》："先甲三日，后甲三日。终则有始，天行也。"甲为天干中首位，后甲是甲日中的后三天，是吉日。先庚：《易经》："先庚三日，后庚三日。吉。"先庚三日是指天干庚前的三日，也是吉日。

②搏虎：晋人冯妇善搏虎。骑鲸：杜甫诗："若逢李白骑鲸鱼，道甫问讯今何如？"

③金匼匝：马笼头。

④玉瑽琤：玉石敲击声。

⑤玉宇：《太平广记》载，翟乾佑与人玩月，或问月中何所有？佑曰："随我手中看之。"俄见月规半圆，琼楼玉宇灿然。金茎：铜柱，用来承露。汉班固《西都赋》："抗仙掌以承露，擢双立之金茎。"

⑥藜藿：藜、藿是两种野菜，此处指粗劣的饭菜。

［原文］

渔对猎，钓对耕。玉振对金声[1]。雉城对雁塞[2]，柳袅(niǎo)对葵倾[3]。吹玉笛，弄银笙。阮杖对桓筝[4]。墨呼松处士[5]，纸号楮(chǔ)先生[6]。露浥(yì)好花潘岳县[7]，风搓细柳亚夫营[8]。抚动琴弦，遽(jù)觉座中风雨至[9]；哦(é)成诗句，应知窗外鬼神惊[10]。

周亚夫细柳式车

［注释］

①玉振、金声：《孟子·万章下》：

"集大成者，金声而玉振之也。"后喻声名广布。

②雉城：雉，城墙长三丈高一丈为一雉。《左传·隐公元年》："都城过百雉，国之害也。"雁塞：即今雁山，鸿雁多宿于其地，故名。

③葵倾：葵花向日而倾。

④阮杖：《晋书·阮修传》载，阮修"常步行，以百钱挂杖头，至酒店，便独酣畅。"桓筝：《晋书·桓伊传》："奴既吹笛，伊便抚筝而歌……"

⑤松处士：古代的墨大多以松烟制成，故称墨为松处士。

⑥楮先生：纸。《毛颖传》："与会稽楮先生友善。"

⑦潘岳县：晋潘岳为河阳令，令满县栽花。

⑧亚夫营：《汉书·周亚夫传》载，西汉大将周亚夫屯兵于细柳营。

⑨风雨至：春秋时晋国乐工师旷抚清角之琴，风雨忽至。

⑩鬼神惊：唐代孟棨《本事诗》载，贺知章见李白《乌栖曲》，叹曰："此诗可泣鬼神矣。"杜甫《寄李十二白》诗："笔落惊风雨，诗成泣鬼神。"

九　青

［原文］

红对紫，白对青。渔火对禅灯。唐诗对汉史，释典对仙经。龟曳尾①，鹤梳翎(líng)②。月榭(xiè)对风亭。一轮秋夜月，几点晓天星。晋士只知山简醉③，楚人谁识屈原醒④。绣倦佳人，慵把鸳鸯文作枕⑤；吮毫画者，思将孔雀写为屏⑥。

窦后

［注释］

①龟曳尾：《庄子·秋水》："此龟者，宁其死为留骨而贵乎，宁其生而曳尾于涂中乎？"

②鹤梳翎：宋代苏轼诗："风松时落蕊，病鹤不梳翎。"翎，羽毛。

③山简醉：晋代山简嗜酒，人号“醉山翁”。

④屈原醒：屈原曰：“众人皆醉我独醒。”

⑤鸳枕：鸳鸯又名匹鸟，绣女常以此绣于枕。

⑥雀屏：《旧唐书·睿宗昭成顺圣皇后窦氏传》载，唐高祖后窦氏父毅，画孔雀于屏。有请婿者射之，高祖射，各中一目，得选为女婿。

［原文］

行对坐，醉对醒。佩紫对纡(yū)青。棋枰对笔架，雨雪对雷霆。狂蛱蝶，小蜻蜓。水岸对沙汀。天台孙绰(chuò)赋①，剑阁孟阳铭②。传信子卿千里雁③，照书车胤(yìn)一囊萤④。冉冉白云，夜半高遮千里月；澄澄碧水，宵中寒映一天星。

［注释］

①孙绰赋：东晋孙绰撰有《游天台山赋》，天台山在今浙江。

②剑阁：孟阳（晋代张载字孟阳）过剑阁作《剑阁铭》。剑阁，在今四川剑阁县剑门关上。

③子卿雁：子卿即苏武，见前注。

④车胤囊：《晋书·车胤传》载，车胤家贫，常聚萤以缣囊之，照书夜读。后来用“囊萤照读”比喻苦学。

［原文］

书对史，传①对经。鹡(jí)鸰(líng)对鹡鸰②。黄茅对白荻(dí)，绿草对青萍。风绕铎(duó)③，雨淋铃④。水阁对山亭。渚(zhǔ)莲千朵白，岸柳两行青。汉代宫中生秀柞(zuò)⑤，尧时阶畔长(zhǎng)祥蓂(míng)⑥。一枰(píng)决胜，棋子分黑白；半幅通灵，画色间(jiàn)丹青。

［注释］

①传：解释经典的著作叫传。

②鹡鸰：鸟名。《诗经·小雅·常棣》：“鹡鸰在原，兄弟急难。”

③风绕铎：五代王仁裕《开元天宝遗事》载，岐王宫于竹林内悬碎玉，名“占风铎”，相触为声。

④雨淋铃:《〈明皇杂录〉补遗》载，明皇幸蜀，霖雨弥旬，栈道中闻铃声，悼念杨贵妃而作《雨淋铃》曲。

⑤秀柞：汉宫中有五株柞树连抱。柞，柞树，一种落叶乔木。

⑥祥蓂：传说尧阶生蓂荚，每月初一之后每日生一叶，至十五日全生。十五之后每日落一叶，三十日全落。

十　蒸

[原文]

新对旧，降对升。白犬对苍鹰。葛巾对藜杖，涧水对池冰。张兔网，挂鱼罾(zēng)①。燕雀对鹍(kūn)鹏。炉中煎药火，窗下读书灯。织锦逐梭成舞凤②，画屏误笔作飞蝇③。宴客刘公，座上满斟三雅爵④；迎仙汉帝，宫中高插九光灯⑤。

鹰

[注释]

①罾：一种用竹竿做支架的方形渔网。

②舞凤:《邺中记》载，邺城织锦署有凤凰朱雀锦。”

③飞蝇:《吴录》载，曹丕画屏风，误落墨点，因作小蝇。孙权以为是真蝇，弹之。

④三雅爵：曹丕《典论》载，刘表有爵曰三雅。大者伯雅，次者仲雅，小者季雅。爵，酒具。

⑤九光灯:《汉武帝内传》载，汉武帝迎王母于宫中，燃九灯之光。

[原文]

儒对士，佛对僧。面友对心朋。春残对夏老，夜寝对晨兴。千里马，九霄鹏。霞蔚对云蒸。寒堆阴岭雪，春泮水池冰。亚父愤生撞玉斗①，周公誓死作金縢(téng)②。将军元晖，莫怪人讥为饿虎；侍中卢昶(chǎng)，难逃世号作饥鹰③。

[注释]

①玉斗:《汉书·高帝纪上》载，鸿门宴上，汉王刘邦献玉斗于范增，增怒，撞碎其斗。亚父，即范增。

②金縢：周武王病，周公欲以身代死。史录其祝册之文，与事之始末合为一篇，以藏于金縢之柜，后成王启之。縢，封闭。

③饿虎、饥鹰：北魏将军元晖，侍中卢昶，皆贪纵。人曰“将军饿虎”，“侍中饥鹰”。

[原文]

规对矩①，墨对绳②。独步对同登。吟哦对讽咏，访友对寻僧。风绕屋，水襄陵③。紫鹄(hú)对苍鹰。鸟寒惊夜月，鱼暖上春冰。扬子口中飞白凤④，何郎鼻上集青蝇⑤。巨鲤跃池，翻几重之密藻；颠猿饮涧，挂百尺之垂藤。

扬雄梦吐凤凰

[注释]

①规、矩：规，画圆形的工具。矩，画直角或方形的曲尺。

②墨、绳：都是木匠在木上弹印直线的工具。

③水襄陵：大水漫上丘陵。《尚书·尧典》:“汤汤洪水方割，荡荡怀山襄陵，浩浩滔天。”

④白凤:《西京杂记》载，扬雄著《太元经》，梦吐凤凰，集《元》之上。

⑤青蝇:《三国志·魏书·方技传》载，何宴梦青蝇集于鼻端，管辂曰:“位峻者颠。”

十一　尤

[原文]

荣对辱，喜对忧。夜宴对春游。燕关对楚水，蜀犬

对吴牛①。茶敌睡，酒消愁。青眼对白头。马迁修史记，孔子作春秋。适兴子猷(yóu)常泛棹(zhào)②，思归王粲(càn)强登楼③。窗下佳人，妆罢重将金插鬓；筵前舞妓，曲终还要锦缠头④。

玉川品茶

[注释]

①蜀犬：柳宗元《答韦中立论道书》载：庸、蜀之南，恒雨少日，日出则犬吠。谓“蜀犬吠日”。后以“蜀犬吠日”比喻少见多怪。吴牛：《风俗通》载，吴地的牛在太阳下辛勤耕作，见月亮而以为是太阳亦喘气。称为“吴牛喘月”。后以“吴牛喘月”比喻因疑心而害怕。

②泛棹：《晋书·王徽之传》载，王子猷雪夜泛舟访戴安道，经宿方至，造门不前而返。人问徽之，曰：“本乘兴而行，兴尽而返，何必见安道邪！”

③登楼：东汉末王粲，字仲卿。汉末王粲避乱荆州，不被刘表重用。粲遂作《登楼赋》，表达了思归之情。

④锦缠头：杜甫《即事》：“笑时花近眼，舞罢锦缠头。”古代歌舞艺人表演时，以锦缠头，演毕，客以罗锦为赠，称“缠头”。

[原文]

唇对齿，角对头。策马①对骑牛。毫尖对笔底，绮阁对雕楼。杨柳岸，荻(dí)芦洲。语燕对啼鸠。客乘金络马②，人泛木兰舟③。绿野耕夫春举耜(sì)，碧池渔父(fǔ)晚垂钩。波浪千层，喜见蛟龙得水；云霄万里，惊看雕鹗横秋。

[注释]

①策马：赶马。

②金络马：以金络装饰马首的马。

③木兰舟：用木兰树的木材造的舟。后以木兰舟作为船的美称。

［原文］

庵对寺，殿对楼。酒艇对渔舟。金龙对彩凤，豮豕（fén shǐ）对童牛①。王郎帽②，苏子裘③。四季对三秋。峰峦扶地秀，江汉接天流。一湾绿水渔村小，万里青山佛寺幽。龙马④呈河，羲皇阐微而画卦；神龟⑤出洛，禹王取法以陈畴。

［注释］

①豕：公猪，亦泛指雄性的牲畜。童牛：未长角之牛。

②王郎帽：《晋书·王濛传》载，王濛美丰姿，帽破，入市买之，妪悦其貌，遗以新帽。

③子裘：《战国策·秦策》载，苏秦说秦不行，旷日持久，黑貂之裘敝。

④龙马：伏羲受龙马图于河，因画八卦。

⑤神龟：大禹治水时，洛水出龟书，夏禹法之，演《九畴》。

十二　侵

［原文］

眉对目，口对心。锦瑟对瑶琴。晓耕对寒钓，晚笛对秋砧（zhēn）。松郁郁，竹森森。闵损对曾（zēng）参①。秦王亲击缶，虞帝自挥琴。三献卞和尝泣玉②，四知杨震固辞金③。寂寂秋朝（zhāo），庭叶因霜摧嫩色；沉沉春夜，砌花随月转清阴。

［注释］

①闵损：字子骞。曾参：字子舆。二人均为孔子弟子。

②泣玉：《韩非子·和氏》载，卞和献玉于楚王，三献而两刖其足，和抱玉而泣。

③辞金:《后汉书·杨震传》载，杨震为太守，人奉以金，不受。人曰:“暮夜无知者。”震曰:“天知，地知，你知，我知，何谓无知！”

[原文]

前对后，古对今。野兽对山禽。犍(jiān)牛对牝(pìn)马①，水浅对山深。曾点瑟②，戴逵琴③。璞玉对浑金④。艳红花弄色，浓绿柳敷阴。不雨汤王方剪爪⑤，有风楚子正披襟⑥。书生惜壮岁韶华，寸阴⑦尺璧；游子爱良宵光景，一刻千金⑧。

[注释]

①犍牛：阉过的牛。牝马：母马。

②曾点瑟:《论语·先进》载，孔子问曾点志向，曾点停瑟作答，得到孔子赏识。

③戴逵琴:《晋书·隐逸传》载，戴逵能鼓琴，武陵王召之，戴不就，对使者碎其琴。

④璞玉、浑金:《晋书·王戎传》载，山涛为人厚重，王戎目之如璞玉浑金。

⑤剪爪：汤时大旱，汤剪爪发祷于桑林，以六事自责，乃雨。

⑥披襟：楚襄王游于兰台之宫，有风飒然至者，王披襟当之。

苏轼

⑦寸阴：日影移动一寸的时间，指很短的时间。

⑧一刻千金：宋代苏轼《春宵》诗:“春宵一刻值千金，花有清香月有阴。”

[原文]

丝对竹，剑对琴。素志对丹心。千愁对一醉，虎啸对龙吟。子罕玉①，不疑金②。往古对来今。天寒邹吹

织 女

律③，岁旱傅为霖④。渠说子规为帝魄⑤，侬知孔雀是家禽⑥。屈子沉江，处处舟中争系粽⑦；牛郎渡渚zhǔ，家家台上竞穿针⑧。

［注释］

①子罕玉：《左传·襄公十五年》载，宋人献玉于子罕，子罕不受，曰："我以不贪为宝。"

②不疑金：《汉书·直不疑传》载，直不疑为郎，其同舍有告归，误持同舍郎金去。同舍郎觉后疑不疑，疑即以己金偿之。后告归者来归金，前之亡金者大惭，以此称长者。

③邹吹律：《太平御览》引《别录》载，燕有寒谷，黍稷不生。邹衍吹律，暖气乃至，草木皆生。

④傅为霖：《尚书·说命》载，商王武丁以傅说为相，对其曰："若岁大旱，用汝作霖雨。"

⑤渠：他。帝魄：见前十三元注。

⑥家禽：《世说新语·言语》载，杨德祖年九岁，孔君平诣其家，设果有杨梅。孔指之曰："此君家果也。"应声答曰："未闻孔雀是夫子家禽。"

⑦系粽：《荆楚岁时记》载，屈原五月五日沉江，楚人哀其忠，贮米为粽以吊之，相沿至今。

⑧穿针：《元氏掖庭录》载，七夕相传为牛郎织女会。宫中此夕作高台，宫女于暗处执针穿之，穿过者遂以为得天孙之巧云。

十三　覃

［原文］

千对百，两对三。地北对天南。佛堂对仙洞，道院对禅庵。山泼黛，水浮蓝。雪岭对云潭。凤飞方翙翙huì①，

虎视已眈眈[2]。窗下书生时讽咏，筵前酒客日耽酣。白草满郊，秋日牧征人之马；绿桑盈亩，春时供农妇之蚕。

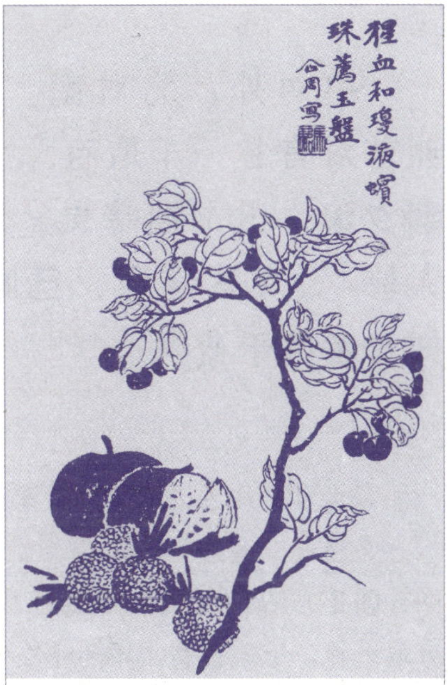

荔枝

[注释]

①翙翙：鸟羽飞动之声。《诗经·大雅·卷阿》：“凤凰于飞，翙翙其羽。”

②眈眈：贪婪而凶狠地注视。《易》：“颠颐，吉，虎视眈眈，其欲逐逐，无咎。”

[原文]

将对欲，可对堪。德被对恩覃（tán）[1]。权衡对尺度，雪寺对云庵。安邑枣[2]，洞庭柑[3]。不愧对无惭。魏徵能直谏[4]，王衍善清谈[5]。紫梨摘去从山北[6]，丹荔传来自海南。攘鸡非君子所为，但当月一[7]；养狙（jū）是山公之智，止用朝三[8]。

[注释]

①覃：深广。

②安邑枣：《史记·货殖列传》：“安邑千树枣，燕、秦千树栗。”

③洞庭柑：洞庭以南多产柑。

④直谏：《新唐书·魏徵传》载，魏徵事太宗能直谏。

⑤王衍善清谈：西晋大臣王衍，字夷甫，尝挥麈清谈虚无，遇义理有所不当，随口更改，时称“口中雌黄”。

⑥紫梨：《洞真记》载，涂山有梨大如瓜，紫色，千年一花。

⑦攘鸡：《孟子·滕文公下》载，孟子曰：“今有人日攘其邻之鸡者，或告之曰：‘是非君子之道。’曰：‘请损之，月攘一鸡，以待来年而后已。’”后用“月攘一鸡”比喻不及时改正错误。攘，偷窃。

⑧养狙：《庄子·齐物论》载，山公赋芋，朝三而暮四，众狙皆怒。山公曰：“朝四而暮三何如？”众狙皆喜。后以“朝三暮四”比喻人反复无常。狙，猕猴。

[原文]

中对外，北对南。贝母对宜男①。移山对浚(jùn)井②，谏苦对言甘。千取百③，二为三④。魏尚对周堪⑤。海门翻夕浪，山市拥晴岚。新缔直投公子纻(zhù)⑥，旧交犹脱馆人骖(cān)⑦。文达淹通，已咏冰兮寒过水⑧；永和博雅，可知青者胜于蓝⑨。

[注释]

①贝母：药名。宜男：萱草又名宜男。

②浚井：淘井。

③千取百：《孟子·梁惠王上》："千乘之国，弑其君者，必百乘之家。万取千焉，千取百焉，不为不多矣。"

④二为三：《庄子·齐物论》："一与一为二，二与一为三，自此以往，巧历不能得，而况其凡乎。"

⑤魏尚：汉兴平人，拜云中守。周堪：字少卿，曾于石渠阁讲书经。

⑥投纻：《左传·襄公二十九年》："（吴公子札）见子产，如旧相识，与之缟带，子产献纻衣焉。"

⑦脱骖：《孔子家语》载，孔子之卫，遇旧馆人之丧，使子贡脱骖赙之。骖乃拉车外套之马。

⑧"文达"句：《旧唐书·儒学上·盖文达传》载，盖文达学于刘焯，后淹通经史，远胜于焯。有人评价说："冰生于水而寒于水。"

⑨"永和"句：《北史》载，李谧初师孔璠，后璠就谧请业。同门生语曰："青成蓝，蓝谢青，师何常，在明经。"

十四　盐

[原文]

悲对乐，爱对嫌。玉兔对银蟾①。醉侯对诗史②，眼底对眉尖。风习习，雨绵绵。李苦对瓜甜。画堂施锦帐，酒市舞青帘③。横槊(shuò)赋诗传孟德④，引壶⑤酌酒尚陶

潜。两曜(yào)迭明，日东生而月西出；五行式序，水下润而火上炎[6]。

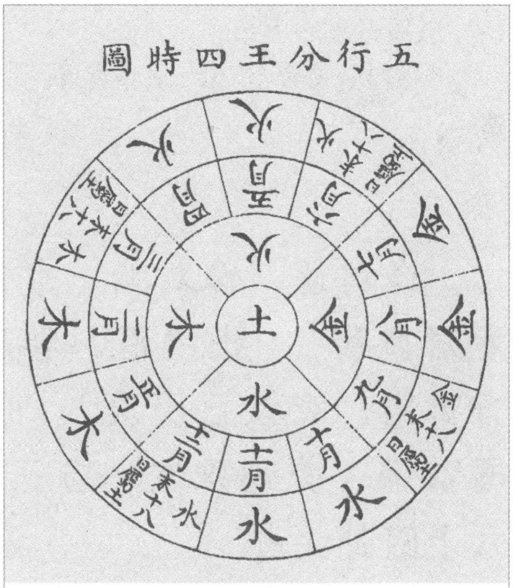

五行分土四时图

［注释］

①玉兔、银蟾：均指月亮。

②醉侯：唐人有“若使刘伶为酒帝，也许封我醉乡侯”诗句。诗史：唐代元稹称杜甫诗善陈时事，法律精严。唐代孟棨《本事诗》号杜诗为“诗史”。

③帘：酒旗。酒店用来招徕酒客。

④横槊：《三国志》载，曹孟德破赤壁前，横槊赋诗。槊，画戟。孟德：曹操字。

⑤引壶：陶潜《归去来兮辞》：“引壶觞以自酌。”

⑥五行：金、木、水、火、土。下润：《尚书·洪范》：“水曰润下，火曰炎上。”

［原文］

如对似，减对添。绣幕对朱帘。探珠对献玉，鹭立对鱼潜。玉屑饭[1]，水晶盐[2]。手剑对腰镰。燕巢依邃(suì)阁，蛛网挂虚檐。夺槊[3]至三唐敬德，弈棋[4]第一晋王恬。南浦客归，湛湛春波千顷净；西楼人悄，弯弯夜月一钩纤(xiāo)。

［注释］

①玉屑饭：《西京杂俎》载，唐代郑仁本之表弟游嵩山，见一人，谓曰：“月乃七宝合成者，其缺处有八万二千户修之，吾数中一人也。”因示以斧凿，既而取玉屑饭与之食，曰：“此可延年。”

②水晶盐：《资治通鉴·晋纪四十·安皇帝癸义熙十三年》载，崔浩尝论事，帝大悦，赐御缥醪酒、水晶盐，曰：“味卿言如此盐、酒。”

③夺槊：《旧唐书·尉迟敬德传》载，尉迟敬德善使槊，帝令与弟齐王

戏，敬德三夺其槊。

④弈棋：《晋书·王恬传》载，王恬，王导次子，常晒发傲客，弈棋称第一。

[原文]

逢对遇，仰对瞻。市井对闾(lú)阎[1]。投簪对结绶，握发对掀髯(rán)[2]。张绣幕，卷珠帘。石碏(què)[3]对江淹。宵征[4]方肃肃，夜饮已厌厌[5]。心褊小人长戚戚[6]，礼多君子屡谦谦。美刺殊文，备三百五篇诗咏；吉凶异画，变六十四卦爻占。

[注释]

①闾阎：平民居住的地方。

②捉发：《史记·鲁周公世家》：周公“一沐三握发，一饭三吐哺，起以待士，犹恐失天下之贤人。”掀髯：笑时启口张须的样子。

③石碏：春秋时卫国大夫。江淹：字文通，南朝文学家，曾梦笔生花。

④宵征：《诗经·召南·小星》：“肃肃宵征，夙夜在公。”

⑤夜饮：《诗经·小雅·湛露》：“厌厌夜饮，不醉无归。”

⑥戚戚：忧惧的样子。

十五　咸

[原文]

清对浊，苦对咸。一启对三缄[1]。烟蓑对雨笠，月榜对风帆。莺睍睆(xiàn huǎn)[2]，燕呢喃[3]。柳杞对松杉。情深悲素扇[4]，泪痛湿青衫[5]。汉室既能分四姓[6]，周朝何用叛三监[7]。破的[8]而探牛心，豪矜王济；竖竿[9]以挂犊鼻，贫笑阮咸。

[注释]

①三缄：《孔子家语·观周》中有载，孔子观周庙，有金人三缄其口，

而铭其背，曰：“古之谨言人也。”之句。

②睍睆：形容声音婉转动听。《诗经·邶风·凯风》：“睍睆黄鸟，载好其音。”

③呢喃：形容燕子的叫声。

④素扇：汉代班婕妤《团扇诗》中写有“常恐秋节至，凉飙夺炎热，弃捐箧笥中，恩情中道绝”的句子。

⑤青衫：白居易为江州司马时作《琵琶行》，诗云：“坐中泣下谁最多，江州司马青衫湿。”

⑥四姓：东汉外戚樊、郭、阴、马四姓。见《后汉书·明帝纪》：“为四姓小侯开立学校，置五经师。”

浔阳妓

⑦三监：周武王让三叔，即他的三个弟弟管叔、蔡叔和霍叔，监于纣王子武庚之国，三叔反助武庚为敌以叛周。

⑧破的：的，箭靶的中心。破的，一箭就射中箭靶中心。比喻一下子就击中目标或一句话就击中要害。《晋书·王济传》载，王恺有牛名“八百里驳”，十分珍视。王济与王恺赌射，赢了这头牛，命手下人杀掉，取出牛心。

⑨竖竿：《晋书·阮咸传》载，阮咸字仲容，居道南。诸阮居道北，北阮皆富，七月七日盛晒衣，皆纱罗锦绮。仲容以竿挂大布犊鼻裈于庭中。人或怪之，答曰：“未能免俗，聊复尔耳。”

［原文］

能对否，圣对贤。卫瓘(guàn)对浑瑊(jiān)①。雀罗对鱼网，翠巘(yǎn)②对苍崖。红罗帐，白布衫。笔格对书函。蕊香蜂竞采，泥软燕争衔。凶孽誓清③闻祖逖(tì)，王家能乂(yì)有巫咸④。溪叟新居，渔舍清幽临水岸；山僧久隐，梵宫寂寞倚云岩。

［注释］

①卫瓘：字伯玉，晋尚书令，善草书。浑瑊：唐人，年十一而善骑射，后来官至检校司徒兼中书令。

②巘：高山。

③誓清：《晋书·祖逖传》载，祖逖初北渡江，击楫誓曰：“祖逖不能清中原而复济者，有如大江！”

④巫咸：传说中的神巫。《尚书·君奭》：“巫咸乂王家。”乂，治理，安定。

［原文］

冠对带，帽对衫。议鲠(gěng)[1]对言谗。行舟对御马，俗弊对民嵒(yán)[2]。鼠且硕[3]，兔多毚(chán)[4]。史册对书缄。塞城闻奏角，江浦认归帆。河水一源形弥弥[5]，泰山万仞势岩岩[6]。郑为武公，赋《缁衣》而美德[7]；周因巷伯，歌贝锦以伤谗[8]。

［注释］

①鲠：鲠，即直。古有骨鲠之臣，言不从众也。

②嵒：不守规矩。《尚书·召诰》：“王不敢后，用顾畏于民嵒。”

③鼠且硕：硕鼠，大鼠。《诗经》有《硕鼠》篇。

④兔多毚：毚，狡猾。《诗经·小雅·巧言》：“跃跃毚兔，遇犬获之。”

⑤弥弥：形容水深且满。《诗经·邶风·匏有苦叶》：“有弥济盈。”

⑥岩岩：高峻。《诗经·郑风·闷宫》：“泰山岩岩，鲁邦所詹。”

⑦“缁衣”句：郑桓公、武公相继为周司徒，善于其职，周人爱之，作《缁衣》以美其德。

⑧“贝锦”句：巷伯，寺人之官，名孟子，周幽王时被谗而遭宫刑，乃作“贝锦”之诗以抒发被谗害的愤懑之情。贝锦，本义为有花纹的织锦。后来用“贝锦”比喻用花言巧语罗织罪名，诬陷别人。

附录

格言联璧

学问类

[原文]

古今来许多世家[1]，无非积德；天地间第一人品，还是读书。

[注释]

①世家：世代显赫的家族。见《孟子·滕文公下》：“仲子，齐之世家也。”

[译文]

古往今来许多有名望的显赫家族，靠的都是积德；人要想具备高尚的品格，还是要靠读书。

[原文]

读书即未成名，究竟[1]人高品雅；修德不期获报，自然梦稳心安。

[注释]

①究竟：毕竟。

[译文]

读书即使不能成名，毕竟能使人道德高尚、澹雅；修习德行而不期待报偿，心态自然安稳健康。

[原文]

为善[1]最乐，读书更佳[2]。

[注释]

①为善：做好事。

②更佳：更美好。

［译文］

做好事最让人快乐，而读书让人更觉美好。

［原文］

诸君到此何为？岂徒学问文章，擅一艺微长，便算读书种子？在我所求亦恕，不过子臣弟友，尽五伦[1]本分，共成名教[2]中人。

［注释］

①五伦：封建礼教中的君臣、父子、兄弟、夫妇、朋友之间的关系。见《孟子·滕文公上》："使契为司徒，教以人伦：父子有亲，君臣有义，夫妇有别，长幼有序，朋友有信。"

②名教：以正名定分为中心的封建主流思想。见《世说新语·德行》："王平子、胡毋彦国诸人，皆以任放为达，或有裸体者。乐广笑曰：'名教中自有乐地，何为乃尔也。'"

［译文］

各位到这里来的目的是什么？难道只是为了做学问写文章，学会一技之长，就能算具有读书的天分了吗？我这里只要求"宽恕"，就是遵守子、臣、弟、友的秩序，尽人伦的本分，共同成为恪守礼教的正人君子而已。

［原文］

聪明而用于正路[1]，愈聪明愈好，而文字功名益成其美；聪明用于邪路，愈聪明愈谬[2]，而文学功名适济其奸。

［注释］

①正路：正当的途径。见《孟子·离

娄上》："旷安宅而弗居，舍正路而不由。"

②谬：荒谬、错误。

[译文]

人的聪明如果用于正当的途径，越聪明越好，学问功名更能成就他的理想；人的聪明如果用于不正当的途径，越聪明就越荒谬，学问功名反而助长他的奸诈。

[原文]

占虽有阵①，而勇为本。丧虽有礼，而哀为本。士虽有学，而行为本。

[注释]

①阵：阵法。

[译文]

作战时虽有阵法，而勇敢是根本。丧事虽有礼法，而哀戚是根本。文人虽有学问，而品行是根本。

[原文]

飘风不可以调宫商①，巧妇不可以主中馈(kuì)②，文章之士不可以治国家。

[注释]

①宫商：古时将音调分为宫、商、角、徵、羽五音，这里"宫商"借代音调。

②主中馈：主持家务。

[译文]

旋风不可以调节音调，取巧的妇人不能担当主持家务的责任，只会做文章的人治理不好国家。

[原文]

经济[1]出自学问，经济方有本源；心性[2]见之事功，心性方为圆满。舍事功更无学问，求性道不外文章。

[注释]

①经济：经国济民。见李白《赠别舍人弟台卿之江南》："令弟经济士，谪居我何伤。"

②心性：佛教称不变的心体为心性。空宗与性宗认为心与性有别，禅宗则认为并无区别。

[译文]

经国济民来源于学问，学问是经济的根源；心性促使事业成功，心性才达到完满。不追求事业成功就没有学问，求得心性的方法在于文章。

[原文]

何谓"至行"[1]？曰"庸行"[2]。何谓"大人"[3]？曰"小心"[4]。何以"上达"[5]？曰"下学"。何以"远到"？曰"近思"。

[注释]

①至行：至高的德行。见《晋书·武帝纪》："以东海刘俭有至行，拜为郎"。

②庸行：日常的修养。见《易·乾》："庸言之信，庸行之谨。"

③大人：德行很高的人。见《易·乾》："夫大人者，与天地合其德。"

④小心：仔细，严谨。见《诗经·大雅·大明》："维此文王，小心翼翼。"

⑤上达：积极进取。见《论语·宪问》："君子上达，小人下达。"

[译文]

什么是至高无上的品行？就是日常的修养。什么人是德行高尚的人？就是那些小心、谨慎遵守道德的人。如何积极进取？就是要努力学习。如何达到高远？就是要就近思考。

[原文]

竭忠尽孝，谓之人。治国经邦，谓之学。安危定变[1]，谓之才。经天纬地[2]，谓之文。霁月光风[3]，谓之度。万物一体，谓之仁。

[注释]

①定变：平定变乱。

②经天纬地：以天为经，以地为纬，将天地万物纳入怀中。

③霁月光风：胸怀光明磊落。

[译文]

能努力达成忠孝的，称为人。能用来治理国家安定民生的，称为学问。能平定变乱的，称为人才。能将天地万物纳入其中的，称为文章。胸怀光明磊落，称为风度。万物融合成一体，称为仁心。

[原文]

以心术[1]为本根，以伦理为桢干[2]，以学问为菑畬(zī shē)[3]，以文章为花萼，以事业为结实。以书史为园林，以歌咏为鼓吹，以义理为膏粱，以著述为文绣；以诵读为耕耘，以记问为居积。以前言往行为师友，以忠信笃敬为修持，以作善降祥为受用，以乐天知命为依归。

[注释]

①心术：指人的思想。见《管子·七法》：“实也，诚也，施也，度也，恕也，谓之心术。”

②伦理：指事物的原理。见《礼记·乐记》：“乐者，通伦理者也。”桢

干：筑墙时，竖于两端木头的叫桢，竖于两旁的木头叫干。

③菑畬：田地。见《尔雅·释地》：“田一岁曰菑，二岁曰新田，三岁曰畬。”

[译文]

把人的思想作为根本，把事物的原理作为枝干，把学问作为良田，把文章作为花萼，把事业作为果实。把书籍作为园林，把歌咏作为音乐，把义理作为食物，把著述作为彩绣，把读诵作为耕耘，把讨论学问作为累积。把先贤的言行作为师友，把敬忠笃信作为修持，把行善降祥作为享受，把乐天知命作为依归。

[原文]

凛闲居以体独，卜动念以知几，谨威仪以定命，敦大伦以凝道，备百行[1]以考德，迁善改过以作圣。

[注释]

①百行：全面的德行。见《诗·卫风·氓》：“士之耽兮，犹可说也。”郑玄注：“士有百行，可以功过相除。”《三国志·魏书·王昶传》诫子书：“夫孝敬仁义，百行之首，行之而立，身之本也。”

[译文]

人在独处时应小心、谨慎，预知自己思想的内涵，严肃威仪安心于天命，遵守人伦以成为圣贤，具备各种品行以成就德行，向善能改以成为贤良。

[原文]

收吾本心[1]在腔子里，是圣贤第一等学问；尽吾本分[2]在素位中，是圣贤第一等功夫。

[注释]

①本心：道德心。见《孟子·告子上》："此之谓失其本心。"朱熹《四书章句集注》："本心，谓羞恶之心。"

②本分：自己的权利和义务。见朱熹《二程语录》(一)："有道者亦一作言自分明，只作寻常本分事说了。"

[译文]

把道德心存在胸怀是先贤的最高学问，在所处的位置上尽自己的本分是圣贤的最高功夫。

[原文]

宇宙内事[1]，乃己分内事；己分内事，乃宇宙内事。

[注释]

①宇宙内事：宇宙中的事。

[译文]

宇宙中的事就是自己的事，自己的事也就是宇宙中的事。

[原文]

身[1]在天地后，心[2]在天地前；身在万物中，心在万物上。

[注释]

①身：肉身，躯体。

②心：思想，精神。

[译文]

人的身体虽然处在天地万物之后，人的精神却能走到在天地万物之前；人的身体虽然处天地万物之中，人的精神却能超出天地万物之上。

［原文］

观天地生物气象①，学圣贤克己②工夫。下手处是自强不息，成就处是至诚无息。

［注释］

①气象：现象。

②克己：严于律己。

［译文］

观察天地万物的现象，学习圣贤严于律己的工夫。体现在行动上就是自强不息，奋斗不止，最终的成就是真诚自然。

［原文］

以圣贤之道教人易，以圣贤之道治己难。以圣贤之道出口易，以圣贤之道躬行难。以圣贤之道奋始易，以圣贤之道克终难。圣贤学问是一套，行王道①必本天德。后世学问是两截，不修己只管治人。

［注释］

①王道：与“霸道”相对，即儒家所称的以“仁义”治天下。《孟子·梁惠王上》：“养生丧死无憾，王道之始也。”

［译文］

以圣贤的道理教导别人很容易，要求自己却很难。嘴上讲圣贤的道理很容易，实际做起来却很难。遵从圣贤的道理开始奋斗很容易，但坚持到底却很难。圣贤的道理与实践相结合，行仁政必本于德性。后代则相反，学问与实践不能统一，不修持自己的德性，而只管治理别人。

［原文］

口里伊周①，心中盗跖②，责人而不责己，名为“挂

榜圣贤”；独凛明旦，幽畏鬼神，知人而复知天，方是有根学问。

[注释]

①伊周：商的伊尹和西周的周公旦。两人都曾摄政，后常并称。见《汉书·张陈王周传赞》：“周勃为布衣时，鄙朴庸人，至登辅佐，匡国家难，诛诸吕，立孝文，为汉伊周。”

②盗跖：盗跖原名柳下跖，相传为春秋末期人。见《庄子·盗跖》说跖为柳下惠弟，并记其与孔子辩论之语。《庄子》借此以发挥其绝仁弃智之说。

[译文]

满口仁义道德，但内心却充满邪念，约束要求他人而从不严格要求自己，这种人称为“挂榜圣贤”。只怕恶行为人所见，能敬畏鬼神，知事又知天理，这才是实际的学问。

[原文]

无根本底气节，如酒汉殴人，醉时勇，醒来退消，无分毫气力；无学问底识见，如庖人炀灶[1]，面前明，背后左右，无一些照顾。

[注释]

①庖人：厨师。见《周礼·天官冢宰》：“庖人，掌共六畜、六兽、六禽，辨其名物”。炀灶：站在灶火前。

[译文]

没有牢固气节的人，好像醉汉酒后打人，醉时勇敢，酒醒后勇气消失，不剩一点力气。不以学问为根本的见识，就好像厨师站在灶火前，面前光亮而背后黑暗，没有照应。

[原文]

理以心得为精，故当沉潜[1]，不然，耳边口头也；

事以典故为据，故当博洽②，不然，臆说杜撰(zhuàn)也。

［注释］

①沉潜：深沉、内敛。见《汉书·洪范》："高明柔克，沉潜刚克。"

②博洽：学识渊博。见《后汉书·杜林传》："京师士大夫，咸推其博洽。"

［译文］

事理通过内心的体会才能精当，所以应当深沉、内敛，否则成了耳边风，过后就忘；事理要以典故为依据，所以应当学识广博，否则就成了随意猜测编造。

存养类

［原文］

性分[1]不可使不足，故其取数[2]也宜多：曰穷理，曰尽性，曰达天，曰入神，曰致广大，极高明；情欲不可使有余，故其取数也宜少：曰谨言，曰慎行，曰约己，曰清心，曰节饮食、寡嗜欲。

［注释］

①性分：本性善良的成分。

②取数：获取的方法。

［译文］

人善良的本性部分不能不够，所以获取的分量应多，通过穷理、尽性、达天、入神。人的情欲不能太强，故获取的分量应少，通过谨言、慎行、克己、清心、节制饮食及减少嗜好。

［原文］

大其心，容天下之物；虚其心[1]，受天下之善；平其心，论天下之事；潜其心，观天下之理；定其心，应天下之变。

［注释］

①虚其心：在心中留出空余，摒除成见。

［译文］

扩展胸怀，以容天下事物；保持虚心，以接受一切好的事物；心气平和，以谈论天下之事；心性沉着，以察看天下的事理；稳定心神，以应对事物的变化。

［原文］

清明以养吾之神，湛一[1]以养吾之虑，沉警[2]以养吾之识，刚大[3]以养吾之志，果断以养吾之才，凝重以养吾之气，宽裕以养吾之量，严冷以养吾之操。

［注释］

①湛一：精湛，专一。

②沉警：沉着，警惕。

③刚大：正直不阿。

［译文］

清净明澈以培养精神，精湛专一以培养思虑，沉着警惕以培养见识，刚正不阿以培养志向，果感坚决以培养才能，凝练厚重以培养气度，宽容大度以培养雅量，严格冷峻以培养节操。

［原文］

自家有好处，要掩藏[1]几分，这是涵育[2]以养深；别人不好处，要掩藏几分，这是浑厚以养大。

［注释］

①掩藏：遮蔽，掩饰。

②涵育：涵养，戒矜躁。

［译文］

自己有优点不要过分显露，这是涵育深度；别人有缺点要替他掩饰，这是浑厚以培养大度。

［原文］

以虚养[1]心，以德养身；以仁养天下万物，以道养天下万世。

[注释]

①养：培养，修炼。

[译文]

胸无成见修炼心智，用良好道德保健身体，用仁爱之心培育天下万物，用无上的真理延续天下万世。

[原文]

涵养冲虚[1]，便是身世[2]学问；省除烦恼，何等心性安和！

[注释]

①冲虚：恬淡虚静。

②身世：立身处世。

[译文]

涵养恬淡虚静的品格是做人处世的学问；去除烦恼，心性是那样自然平和。

[原文]

颜子“四勿”[1]，要收入来；闲存工夫，制外以养中也。孟子“四端”[2]，要扩充去；格致工夫，推近以暨远也。

[注释]

①四勿：即儒家礼教之非礼勿视、非礼勿听、非礼勿言、非礼勿动。见朱熹《斋居感兴诗》之十三：“颜生躬四勿，曾子日三省。”

②四端：儒家称人的四种固有德性。《孟子·公孙丑上》：“恻隐之心，仁之端也；羞恶之心，义之端也；辞让之心，礼之端也；是非之心，智之端也。人之有是四端也，犹其有四体也。”

[译文]

颜子的“四勿”，要放在心中；闲静存神的工夫，就是要克制外在的诱惑，以培养正气。孟子的仁、义、礼、智“四端”要扩充开来；格物致知的功夫，要由自己做起并影响他人。

[原文]

喜怒哀乐而曰未发，是从人心直溯道心[1]，要他存养；未发而曰喜怒哀乐，是从道心指出人心，要他省察。

[注释]

①道心：道德心。见《荀子·解蔽》：“故道经曰：‘人心之危，道心之微。’”

[译文]

喜怒哀乐的情绪能不表现于外，这是人欲直接追溯到道德之心的结果，要他学习控制人性的欲念；不表现各种情绪而有喜怒哀乐的情欲，这是道德心指出人性的缺失，要他省察。

[原文]

存养宜冲粹[1]，近春温；省察宜谨严，近秋肃。

[注释]

①冲粹：内心纯粹。

[译文]

存养人性应内心纯良，要像春天一般温和；省察自己的缺失应恭谨，要像秋天般严肃。

[原文]

就性情上理会，则曰涵养。就念虑上提撕[1]，则曰省察。就气质上销熔，则曰克治。

［注释］

①提撕：拉扯、牵引，引申为提醒。见《诗·大雅·抑》：“匪面命之，言提其耳。”郑玄笺：“我非但对面语之，亲提撕其耳。”

［译文］

对性情的理解、认识就是涵养。对每个念头的思考提示就是省察。气质的融汇就是克治。

［原文］

一动于欲[1]，欲迷则昏；一任乎气[2]，气偏则戾[3]。

［注释］

①一动于欲：欲念一兴起。

②一任乎气：脾气一放任。

③戾：暴躁，乖戾。

［译文］

欲念兴起时，为欲念所惑，就会昏庸；脾气放任时，随意偏激，就会暴戾。

［原文］

人心如谷种，满腔都是生意[1]，物欲锢[2]之而滞矣。然而生意未尝不在也，疏之而已耳。人心如明镜，全体浑是[3]光明，习染薰之而暗矣。然而明体未尝不存也，拭之而已耳。

［注释］

①生意：生机。

②锢：禁锢，压制。

③浑是：全都是。

[译文]

人心就好像稻种一样，全身到处都是生机，受物欲的禁锢、压制，而有所凝滞。然而生机始终都存在，只要克制欲望就好。人心就像明镜，充满光明，只因外在的污染而变暗，然而光明没有消失，只要擦拭就好。

[原文]

果决人①似忙，心中常有余闲；因循人②似闲，心中常有余忙。

[注释]

①果决人：办事果断的人。

②因循人：保守苟且的人。

[译文]

办事果断的人看起来好像忙碌，其实心中常有空闲；保守苟且的人看起来好像很闲暇，其实心中常有干扰、杂念。

[原文]

寡欲①故静，有主②则虚。

[注释]

①寡欲：欲望少。

②有主：有主见。

[译文]

欲念少心气就能平和，内心有主见才能虚心接纳事物。

[原文]

无欲之谓圣，寡欲之谓贤，多欲之谓凡，徇欲①之谓狂。

[注释]

①徇欲：放纵欲望。

[译文]

没有欲念的人称为圣人，欲念少的人称为贤人，欲念多的人是凡人，放纵欲望的人是狂人。

[原文]

人之心胸，多欲则窄，寡欲则宽。人之心境，多欲则忙，寡欲则闲。人之心术[1]，多欲则险，寡欲则平。人之心事，多欲则忧，寡欲则乐。人之心气，多欲则馁[2]，寡欲则刚。

[注释]

①心术：心计。

②馁：软弱，没有勇气。

[译文]

人的心胸多欲则狭窄，少欲则宽广。人的心境多欲则慌忙，少欲则安闲。人的心术多欲则凶险，少欲则和平。人的心事多欲则忧郁，少欲则快乐。人心之气质，多欲则软弱，少欲则刚强。

[原文]

宜静默，宜从容，宜谨严，宜俭约，四者切己良箴。忌多欲，忌妄动，忌坐驰[1]，忌旁骛，四者切己大病。常操常存，得一恒字诀；勿忘勿助，得一渐字诀。

[注释]

①坐驰：身不动而心神飞驰于外。见《庄子·人间世》：“瞻彼阕者，虚室生白，吉祥止止；夫且不止，是之谓坐驰。”

[译文]

宜平静、少说话，安定从容，严谨，节约，这四点都是管理自己的良言。避免多欲、盲动、心不专一、三心二意，这四点是为了避免自己的缺失。实践、修养过程的关键是恒久。不要忘记和助长自己的毛病，关键是渐进。

[原文]

敬守①此心，则心定；敛抑②其气，则气平。

[注释]

①敬守：恭敬地遵守。

②敛抑：收敛控制。

[译文]

谨慎地坚守善良的本性，心灵就会安定；收敛控制浮躁的习气，心地就会平和。

[原文]

人性中不曾缺①一物，人性上不可添②一物。

[注释]

①缺：缺少。

②添：增加。

[译文]

人的本性不缺任何东西，也不能再多加任何东西。

[原文]

君子之心不胜①其小，而气量涵盖一世；小人之心不胜其大，而志意拘守一隅②。

[注释]

①胜：承担。

②隅：角落。

[译文]

君子无所欲念，但气量宏大涵盖一切；而小人需求欲望很多，而志向气度狭隘。

［原文］

怒[1]是猛虎，欲[2]是深渊。

［注释］

①怒：发怒。

②欲：欲望。

［译文］

发怒如猛虎伤人，欲念似深渊难填。

［原文］

忿如火，不遏则燎原[1]；欲如水，不遏则滔天[2]。

［注释］

①燎原：大火延烧原野。

②滔天：洪水泛滥。

［译文］

愤怒如火，不阻止则会像延烧原野一样烧掉一切；欲望像洪水，不阻挡则会泛滥成灾。

［原文］

惩忿如摧山，窒欲[1]如填壑；惩忿如救火，窒欲如防水。

［注释］

①窒欲：堵塞欲望。

［译文］

控制怒气要摧毁山岭般坚定，救火一样迅速；堵塞欲念要像填塞山谷般努力，防洪一样急切。

持躬类

[原文]

聪明睿智，守[1]之以愚。功被[2]天下，守之以让。勇力振世，守之以怯。富有四海，守之以谦。

[注释]

①守：保持，保有。

②被：覆盖。

[译文]

聪明智慧以愚笨保持，盖世功劳以忍让保持，振世的勇力以怯懦保持，巨大的财富以谦让保持。

[原文]

不与居积人[1]争富，不与进取人争贵，不与矜饰人[2]争名，不与少年人争英俊，不与盛气人争是非。

[注释]

①居积人：囤积财物的人。

②矜饰人：矜夸饰非的人。

[译文]

不和屯积财物的人争富裕，不和有进取心的人争荣贵，不和矜夸饰非的人争名声，不和年轻的人争相貌，不和脾气暴躁的人争是非。

[原文]

富贵，怨之府[1]也。才能，身之灾也。声名，谤之媒[2]也。

欢乐，悲之渐[3]也。

[注释]

①府：泛指人、物聚集的地方。

②媒：媒介。

③渐：滋生。

[译文]

富贵是怨恨集中的所在，才能是身体受灾祸的源头，名声是毁谤的媒介，欢乐中滋生悲哀。

[原文]

浓[1]于声色，生虚怯病；浓于货利，生贪饕(tāo)病；浓于功业，生造作病；浓于名誉，生矫激病。

[注释]

①浓：迷恋，沉浸。

[译文]

迷恋声色，生虚怯病；热衷钱财，生贪心病；嗜好功名，生造作病；看重名誉，生矫情偏激病。

[原文]

想自己身心，到后日置[1]之何处？顾[2]本来面目，在古人像个甚人？

[注释]

①置：安放。

②顾：看。

[译文]

想想自己死后，身体安放在何处？看看自己本来的面貌，对古人来说像什么人？

[原文]

莫轻视此身，“三才”①在此六尺；莫轻视此生，千古在此一日。

[注释]

①三才：天、地、人谓之“三才”。见《易·说卦传》：“是以立天之道，曰阴与阳；立地之道，曰柔与刚；立人之道，曰仁与义。兼“三才”而两之，故《易》六画而成卦。”

[译文]

不要轻视自己的身躯，天、地、人的才德都蕴藏在自己的身躯之中；不要轻视自己的一生，千古的功业都由此奠定。

[原文]

醉酒饱肉，浪笑恣谈①，却不错过了一日？妄动胡言，昧理纵欲②，讵③不作孽了一日？

[注释]

①浪笑恣谈：放浪形骸。

②昧理纵欲：糊涂，放纵。

③讵：岂，难道。

[译文]

喝酒吃肉，放浪形骸，莫非不是白白过了一天？胡言乱语，纵欲而为，岂不是胡作非为过一日？

[原文]

不让①古人，是谓有志；不让今人，是谓无量。

[注释]

①让：谦让。

[译文]

不谦让古人，称为有志；不谦让今人，是没有度量。

[原文]

一能胜千，君子不可无此小心[1]；吾何畏彼？丈夫不可无此大志。

[注释]

①小心：戒心。

[译文]

以少胜多，君子不能没有这样的戒心；我为什么怕他？大丈夫不能没有这样的志气。

[原文]

怪小人之颠倒[1]是非，不知惟颠倒方为小人；惜君子之受世折磨，不知惟折磨乃见君子。

[注释]

①颠倒：推翻、打倒。

[译文]

责怪小人颠倒是非，而不知只有颠倒是非的人才是小人；可怜君子受世事折磨，而不知只有在折磨之中才能见到君子。

[原文]

经一番挫折，长一番识见。容一番横逆，增一番器度。省一分经营，多一分道义。学一分退让，讨一

分便宜。去一分奢侈，少一分罪过。加一分体贴①**，知一分物情**②。

[注释]

①体贴：指关怀。见王世贞《艺苑卮言》：“则诚所以冠绝诸剧者，其体贴人情，委曲必尽；描写物态，仿佛如生；问答之际，了不见扭造；所以佳耳。”

②物情：物理人情。《晋书·嵇康传》：“矜尚不存乎心，故能越名教而任自然；情不系于所欲，故能审贵贱而通物情。”

[译文]

经历一番挫折，增长一分见识。经过一番磨难，增加一份度量。省一分利益的经营，多一分道义。能学一分退让，可得一分便宜。丢掉一分享受，则减少一分罪过。对事物多一分认识，而多了一分物理人情。

[原文]

不自重①**者取辱，不自畏者招祸，不自满者受益，不自是者博闻**②。

[注释]

①自重：自尊，自爱。

②博闻：见多识广。

[译文]

不自爱的人自取其辱，没有畏惧心的人招致灾祸，不自我满足的人受到裨益，不自以为是的人见多识广。

[原文]

有真才者，必不矜才①**；有实学者，必不夸学**。

[注释]

①矜才：依恃才能。

[译文]

有真才能的人不依恃才能，有真学识的人不夸显学问。

[原文]

盖世功劳，当不得①一个“矜”字；弥天罪恶，最难得一个“悔”字。

[注释]

①当不得：比不上。

[译文]

即使有盖世之功，比不上谦虚自重；纵然有滔天的罪恶，最难得有悔过之心。

[原文]

诿(wěi)罪①掠功，此小人事；掩罪夸功，此众人事；让美归功，此君子事；分怨共过，此盛德事。

[注释]

①诿罪：推诿罪过。

[译文]

争功诿过，是小人的行事；掩饰过错、夸耀功劳，是凡人的行事；功劳荣誉谦让于别人，是君子的行事；替他人担当过错，是成就德行的事。

[原文]

毋毁①众人之名，以成一已之善；毋没②天下之理，以护一已之过。

[注释]

①毁：诋毁。

②没：抹杀，消除。

[译文]

不要诋毁众人的成就来归功于自己，不要抹杀天下的事理来掩饰自己的过失。

[原文]

大著肚皮[1]容物，立定脚跟做人。实处著脚，稳处下手。

[注释]

①大著肚皮：宽宏大量。

[译文]

宽宏大量包容万物，坚定立场站稳脚跟做人。在踏实的地方站立，于稳当之处着手。

[原文]

读书有四个字最要紧，曰：阙(quē)[1]、疑、好、问；做人有四个字最要紧，曰：务、实、耐、久。

[注释]

①阙：存疑。

[译文]

读书最要紧的是存疑好问，做人最要紧的是脚踏实地、持之以恒。

[原文]

事当快意处须转[1]，言到

快意时须住[2]。

[注释]

①转：转移注意力，意即居安思危。

②住：停止，意即谨慎小心。

[译文]

事情在最得意时要居安思危，防止乐极生悲；话说到最忘形时要谨慎小心，防言中有失。

[原文]

物忌全[1]胜，事忌全美，人忌全盛。

[注释]

①全：极至。

[译文]

事物忌讳到达极点，事情忌讳完美无缺，人则忌讳极度得意。

[原文]

尽前行者地步窄[1]，向后看者眼界宽。

[注释]

①尽前行：一味向前，一心钻营。地步：道路。

[译文]

一心钻营的人，道路越走越窄；懂得向后看的人，眼界越来越宽。

[原文]

留有余不尽[1]之巧，以还造化[2]。留有余不尽之禄，以还朝廷。留有余不尽之财，以还百姓。留有余不尽之

福，以贻子孙。

[注释]

①余不尽：用不完。

②造化：自然。

[译文]

留下用不完的巧思还给自然，留下用不完的俸禄报效国家，留下用不完的钱财回报百姓，留下用不完的福泽造福后代。

[原文]

四海和平之福，只是随缘①；一生牵惹之劳，总因好事。

[注释]

①随缘：顺应天命。

[译文]

四海和平幸福，只是顺应天命；一生的烦恼牵挂，因为多心凡事。

[原文]

花繁柳密处拨得开，方见手段①；风狂雨骤时立得定，才是脚跟。

[注释]

①手段：能力，本领。

[译文]

能摆脱诱惑，可以看出有能力；遭逢变故时站得稳，可以看出意志坚定。

敦品类

［原文］

欲做精金美玉的人品，定从烈火中锻来；思立揭地掀天的事功①，须向薄冰上履过。

［注释］

①事功：事业。

［译文］

要想有黄金玉石一样的人品，一定要经历烈火般的锻炼；要想成就惊天动地的事业，必须在如履薄冰般的险境中前进。

［原文］

人以品为重，若有一点卑污①之心，便非顶天立地汉子；品以行为主，若有一件愧怍之事，即非泰山北斗品格。

［注释］

①卑污：卑鄙低下。

［译文］

人的品格最重要，如有一丝卑鄙低下之心，便不是顶天立地的男子；品格以行事为主，若做了一件愧对良心的事，就不是泰山北斗般崇高的品德。

［原文］

人争求荣乎，就其求之之时，已极①人间之辱；人争恃

宠乎，就其恃之之时，已极人间之贱。

［注释］

①极：穷尽。

［译文］

人都追求荣华富贵，但就在求到的同时，已穷尽人间的耻辱；人都争求攀附权贵，但就在恃宠而骄的同时，已穷尽人间的卑贱。

［原文］

丈夫之高华[1]，只在于功名气节；鄙夫之炫耀，但求诸服饰起居。

［注释］

①高华：高尚的情操。

［译文］

大丈夫高贵的情操在于功名与气节，而庸夫小人所炫耀的，只在物质生活的舒适与衣着的华丽。

［原文］

阿谀取容[1]，男子耻为妾妇之道；本真不凿[2]，大人不失赤子之心。

［注释］

①取容：取悦别人。
②不凿：不雕凿，不做作。

［译文］

说奉承话取悦别人是待妾的行为，大丈夫不耻去做；正直的人真诚不

做作，保持纯洁善良的童心。

[原文]

君子之事上[1]也，必忠以敬，其接下[2]也，必谦以和。小人之事上也，必谄以媚，其待下也，必傲以忽。

[注释]

①事上：侍奉上级。

②接下：对待下级。

[译文]

君子侍奉上级必定忠敬，对待下级必然谦虚和气。小人对上级阿谀奉承，对下级则傲慢无礼。

[原文]

立朝不是好舍人[1]，自居家不是好处士；平素不是好处士[2]，由小时不是好学生。

[注释]

①舍人：古代的官称。

②处士：未仕或不仕的士人。见《孟子·滕文公下》："圣王不作，诸侯放恣，处士横议，杨朱、墨翟之言盈天下。"

[译文]

在朝廷上不是好官，在家乡也不是有德行的好人；平时无德行的人，小的时候一定不是好学生。

[原文]

做秀才如处子[1]，要怕人；既入仕如媳妇，要养人；归林下如阿婆，要教人。

[注释]

①处子：女孩。

[译文]

读书人要像女孩子一样，注意自己的行为怕人说闲话；做官之后要像媳妇一样，爱护百姓如子女；归隐之后要像老婆婆一样教导别人。

[原文]

贫贱时，眼中不著富贵[1]，他日得志必不骄；富贵时，意中不忘贫贱，一旦退休必不怨。

[注释]

①不著：不看重，不羡慕。

[译文]

贫困时不看重富贵，有朝一日得志必不骄傲；富贵时不忘记贫困的日子，退休后必无怨言。

[原文]

贵人之前莫言贱，彼将谓我求其荐[1]；富人之前莫言贫，彼半谓我求其怜。

[注释]

①荐：推荐，介绍。

[译文]

在有地位的人面前不要诉说自己的卑微，否则他会认为在要求他推荐；在富有的人面前不要说自己的贫困，否则他会认为在求他怜悯。

[原文]

小人专望[1]人恩，恩过辄忘；君子不轻受人恩，受

则必报。

［注释］

①专望：专门期望。

［译文］

小人专门期望他人的恩惠，但受恩后马上忘记；君子则不轻易受人恩惠，若受恩，则必定想办法谋求报答。

［原文］

处众以和[1]，贵有强毅不可夺之力；持己以正，贵有圆通不可拘之权。

［注释］

①和：平和的态度。

［译文］

以平和的态度与人相处，贵在有坚定不移的原则；严厉刚正地对待自己，贵在处事圆融通达而不拘泥。

［原文］

使人有面前之誉，不若使人无背后之毁[1]；使人有乍处[2]之欢，不若使人无久处之厌。

［注释］

①毁：诽谤，诋毁。

②乍处：短暂相处。

［译文］

在面前称赞别人，不如背后不说人坏话；与人短暂相处能一见如故，不如与人长久来往而不使双方厌倦。

[原文]

媚若九尾狐，巧如百舌鸟，哀哉羞此七尺之躯！暴同三足虎，毒比两头蛇，惜乎坏尔方寸之地①！

[注释]

①方寸之地：心所在的地方，指代心。

[译文]

谄媚像九尾狐，灵巧像百舌鸟，悲哀啊！这堂堂七尺的身躯。暴戾如三脚老虎，恶毒如两头蛇，可惜啊！心灵已经已败坏。

[原文]

到处伛偻(yǔ lǚ)①，笑伊首何仇于天？何亲于地？终朝筹算②，问尔心何轻于命？何重于财？

[注释]

①伛偻：点头哈腰。

②筹算：谋划算计。

[译文]

到处点头哈腰，可笑你的头和天有什么仇，和地有什么恩？整天谋划算计，问你的心为什么看轻生命而看重钱财？

[原文]

富儿因求宦①倾资，污吏以黩货②失职。

[注释]

①求宦：求取官位。

②黩货：贪污纳贿。

[译文]

富家子弟因求官位而倾尽家产，贪污的官吏因贪财而渎职。

[原文]

亲兄弟析箸[1]，璧合[2]翻作瓜分；士大夫爱钱，书香化为铜臭。

[注释]

①析箸：分家。

②璧合：两璧相合，比喻美好的事物或人才结合在一起，这里指家产。

[译文]

亲兄弟不和睦闹分家，家产像分瓜一样被切开；士大夫爱钱财，书香味变成铜臭味。

[原文]

士大夫当为子孙造福，不当为子孙求福。谨家规，崇俭朴，教耕读，积阴德，此造福也；广田宅，结姻援，争什一[1]，鬻(yù)功名，此求福也。造福者澹而长，求福者浓而短。

[注释]

①什一：古代赋税制度，这里指代个人利益。

[译文]

读书人应当为子孙营造福祉，而不是求取福祉。严谨家规，崇尚俭朴，教导耕田读书，累积阴德，这就是营造福祉；广积土地房屋，拉拢关系，争取利益，买卖功名，这就是求取福祉。营造福祉的，福祉平淡而长远；求取福祉的，福祉浓郁却短暂。

[原文]

士大夫当为此生惜名，不当为此生市名。敦诗书，尚气节，慎取与，谨威仪，此惜名也；竞标榜，邀权贵，务矫激，习模棱①，此市名也。惜名者，静而休；市名者，躁而拙。士大夫当为一家用财，不当为一家伤财。济宗党，广束修②，救荒歉，助义举，此用财也；靡苑囿，教歌舞，奢燕会，聚宝玩，此伤财也。用财理，损而盈；伤财者，满而覆。

[注释]

①模棱：遇到问题含糊闪烁，不置可否。

②束修：十条干肉。修，即脯。古代亲友之间相互赠献的一种礼物，后多指致送教师的酬金。

[译文]

读书人要为自己的一生爱惜名誉，不应为这一生沽名钓誉。研习诗书，崇尚气节，谨慎取舍，保持严正的外表，这就是爱惜名誉；相互竞争标榜，攀附权贵，出尽风头，不分是非，这就是沽名钓誉。爱惜名誉的人清静无为，沽名钓誉的人急躁而拙劣。读书人要正当使用钱财，而不是浪费金钱。救济宗族，聘请老师教学，赈济荒年歉收，协助善行，这些是正当地运用钱财；而花钱布置庭园，唱歌跳舞，大宴宾客，积聚宝物等，这些都是浪费金钱。善用钱财的人虽花钱但收获丰盈，浪费金钱的人积聚多但终将倾覆。

[原文]

士大夫当为天下养身①，不当为天下惜身。省嗜欲，减思虑，戒忿怒，节饮食，此养身也；规利害，避劳动，营窟宅，守妻子，此惜身也。养身者，啬而大；惜身者，膻（shān）而细。

[注释]

①养身：保重身体。

[译文]

做官的人应为肩负天下重任而保重身体，而不是为私家小利而顾惜身体。省却嗜好欲念，减除忧虑，戒除忿怒，节制饮食，这就是保重身体；计较得失利益，规避辛劳仇怨，营造住宅房舍，以妻子儿女为重，这就是顾惜身体。保重身体的人，不妄为而大方；顾惜身体的人，俗气而琐碎。

处事类

［原文］

处难处之事愈宜[1]宽，处难处之人愈宜厚，处至急之事愈宜缓，处至大之事愈宜平，处疑难之际愈宜无意。

［注释］

①愈宜：更应当。

［译文］

处理难处理的事，更应当宽大；与不好相处的人在一起，更应当宽厚；处理紧急的事，情绪更应当和缓；处理重大的事，态度更应当平和；处理有疑难的问题，心中更应当没有成见。

［原文］

无事时，常照管[1]此心，兢兢然[2]若有事；有事时，却放下此心，坦坦然[3]若无事。无事如有事提防，才可弭意外之变；有事如无事镇定，方可消局中之危。

［注释］

①照管：照应，提防。

②兢兢然：小心谨慎的样子。

③坦坦然：坦荡，平静。

［译文］

平常的时候，心中应有所提防，小心谨慎就像要发生意外一样；遇到急事时，要放开紧张的心弦，从容处之，好像没有什么事发生一样。无事时像有事发生一样提防，才能消弥意外的变故；有事像无事一样镇定，才能化解危险的局面。

[原文]

当平常之日，应①小事宜以应大事之心应之。盖②天理无小，即目前观之，便有一个邪正，不可忽慢苟简，须审理之邪正以应之方可。及变故之来，处大事宜以处小事之心处之。盖人事虽大，自天理观之，只有一个是非，不可惊惶失措，但凭理之是非以处之便得。

[注释]

①应：看待，处理。

②盖：原因是。

[译文]

平常处理小事的时候也应像对待大事一样小心，因为天理没有大小，从眼前看，就有邪与正的区分，不可轻慢忽视，必须谨慎区分邪与正，找到相应的方法才行。等到变故来临时，处理大事时就应以处理小事的心态对待它，因为人事虽大，但从天理角度而言，也只不过一个是与非的问题，不可以惊惶失措，只管依靠天理的是非来处理就行了。

[原文]

缓事宜急干，敏则有功①；急事宜缓办，忙则多错。

[注释]

①有功：有效率，有成就。

[译文]

对于不紧急的事情应尽快处理，动作快就会有效率；对紧急的事情反而应放慢步调，以免忙中出错。

［原文］

不自反①者，看不出一身病痛；不耐烦者，做不成一件事业。

［注释］

①自反：自我反省。

［译文］

不自我反省的人，看不出自己一身的毛病；没有耐心的人，不能成就任何事业。

［原文］

日日行，不怕千万①里；常常做，不怕千万事。

［注释］

①千万：概数，形容多。

［译文］

天天走路，不怕路途遥远；天天做事，不怕事情繁多。

［原文］

必有容①，德乃大；必有忍，事乃济②。

［注释］

①容：容忍，宽容。

②济：成功。

［译文］

必须有宽容的雅量，仁德才会宏大；必须有忍耐的毅力，事情才会成功。

［原文］

过去事，丢得一节是一节①；现在事，了得一节是一

节；未来事，省得一节是一节。

[注释]

①丢得一节是一节：丢了就丢了，不必计较太多。

[译文]

过去的事不必多计较，现在的事能做多少是多少，未来的事能简省一件是一件。

[原文]

强不知以为知[1]，此乃大愚；本无事而生事，是谓薄福。

[注释]

①强不知以为知：不懂装懂。

[译文]

不懂装懂，这是最愚笨的事；没事找事，这就是所说的福气少。

[原文]

居处[1]必先精勤，乃能闲暇；凡事务求停妥[2]，然后逍遥。

[注释]

①居处：工作生活。

②停妥：处理得当。

[译文]

工作生活中必须首先勤快才能有闲暇，一切事务都处理得当才能逍遥自在。

[原文]

天下最有受用[1]，是一“闲”字，然“闲”字要从

勤中得来；天下最讨便宜，是一“勤”字，然“勤”字要从闲中做出。

［注释］

①受用：享受，得到好处。

［译文］

天下最令人享受的是个“闲”字，但是闲适要从勤快中得到；而天下最占便宜的是个“勤”字，然而勤奋要从闲暇中做出。

［原文］

自己做事，切须不可迂滞①，不可反覆，不可琐碎；代人做事，极要耐得迂滞，耐得反覆，耐得琐碎。

［注释］

①迂滞：拖沓，延滞。

［译文］

自己做事切不可拖沓、延滞，反复无常以及琐碎。替别人做事却要能忍受拖沓、延滞，反复以及琐碎。

［原文］

谋人事如己事，而后虑之也审①；谋己事如人事，而后见之也明。

［注释］

①审：审慎，周全。

［译文］

在谋划别人的事时好像在谋划自己的事，则思虑能审慎、周全；在谋划自己的事时如同谋划别人的事，则能看得清楚。

［原文］

无心①者公，无我②者明。

[注释]

①无心：没有私心，没有成见。

②无我：没有自我。

[译文]

心中没有成见的人处事公平，心中没有自我的人行为光明。

[原文]

置其身于是非之外，而后可以折①是非之中；置其身于利害之外，而后可以观利害之变。

[注释]

①折：判断，把握。

[译文]

置身于是非之外，才能客观地评断是非；置身于利害之外，才能看清利害的变化。

[原文]

任事者①，当置身利害之外；建言者②，当设身利害之中。

[注释]

①任事者：当事人。

②建言者：提出建议的人。

[译文]

当事人，应置身于利害之外，才能客观地处理问题；提出建议的人应设身于利害之中，才能清楚利弊得失。

［原文］

无事时，戒一“偷”①字；有事时，戒一“乱”字。

［注释］

①偷：偷懒，敷衍。

［译文］

没事时要戒掉苟且敷衍，有事时要避免惊慌失措。

［原文］

将事①而能弭，遇事而能救，既事而能挽，此之谓达权，此之谓才；未事而知来，始事而要终，定事而知变，此之谓长虑，此之谓识。

［注释］

①将事：就要发生的事。

［译文］

能消除将要发生的事，遇到事情而能弥补，事情发生后能挽救，这叫作达权，有才干；知道将来的事，做事有始有终，知道已办好的事情中的变化，这叫深思熟虑，有见识。

［原文］

提得起，放得下，算得到，做得完，看得破①，撇得开。

［注释］

①看得破：看得透彻明白。

［译文］

有见识的人做事能提得起、放得下、算得到、做得完，看得透彻及撇得开。

[原文]

救已败之事者，如驭临崖之马，休轻策[1]一鞭；图垂成之功者，如挽上滩之舟，莫少停一棹(zhào)[2]。

[注释]

①策：鞭打。

②棹：船桨。

[译文]

挽救已经失败的事，就好像驾驭悬崖边的马，不能轻打一鞭；图谋即将到来的成功，就好像拉船上沙滩，不能少划一桨。

[原文]

以真实肝胆待人，事虽未必成功，日后人必见我这肝胆[1]；以诈伪心肠处事，人即一时受惑，日后人必见我之心肠。

[注释]

①肝胆：真实心意。

[译文]

用真诚待人，事情虽不一定成功，日后人们必定了解我的真实心意；以虚伪诡诈的心思处事，别人即使一时受到迷惑，但日久也必见我的心肠。

[原文]

天下无不可化[1]之人，但恐诚心未至；天下无不可为之事，只怕立志不坚。

[注释]

①化：教化。

[译文]

天下没有不能教化的人，只怕诚心不够；天下没有不能做的事，只怕

志向不坚定。

[原文]

处人不可任己意，要悉①人之情；处事不可任己见，要悉事之理。

[注释]

①悉：洞察，了解。

[译文]

与人相处不能任由自己的意志，要了解世故人情；做事不能固执己见，要明白事情的道理。

[原文]

见事①贵乎明理，处事②贵乎心公。

[注释]

①见事：识别事势。

②处事：处理事情。

[译文]

识别事势，可贵在于明白事理；处理事情，可贵在于心能公平。

[原文]

于天理汲汲①者，于人欲必淡；于私事耽耽②者，于公务必疏；于虚文熠熠者，于本实必薄。

[注释]

①汲汲：形容心情急切，努力追求。

②耽耽：沉浸，深入。

[译文]

急切追求天理的人，他的欲望必定淡薄；顾念私事的人，对公事必有所疏忽；追求华丽外表的人，其内在必定轻薄。

接物类

［原文］

事属暧昧[1]，要思回护他，著不得一点攻讦[2]的念头；
人属寒微，要思矜礼[3]他，著不得一毫傲睨的气象[4]。

［注释］

①暧昧：隐私、隐秘等。

②攻讦：攻击或者揭发他人的短处或隐私。

③矜礼：尊重、敬重、礼遇。

④气象：这里是指待人的态度。

［译文］

属于人家的隐私，要想着去加以维护、回避，不能有一点想要说人坏话的念头；对于那些贫寒卑微的人，要想着加以尊重、礼遇，不能有丝毫傲慢轻视的态度。

［原文］

凡一事而关人终身，纵确见实闻，不可著口[1]；
凡一语而伤我长厚[2]，虽闲谈酒谑[3]，慎勿形言[4]。

［注释］

①著口：说出来。

②长厚：宽厚、敦厚。

③酒谑：喝酒时所开得玩笑。谑，即开玩笑。

④形言：形于言，说出来。

［译文］

凡事如果关系到别人一生的名誉和前途，即使是自己亲眼看见，也不要说出去；如果某句话有伤自己的敦厚，即使是喝酒时的玩笑闲谈，也务必注意不要说出去。

[原文]

严著①此心以拒外诱②，须如一团烈火，遇物③即烧。

宽著④此心以待同群⑤，须如一片阳春，无人不暖。

[注释]

①严著：严格守持。

②外诱：外在的诱惑。

③物：物质引诱。

④宽著：放宽。

⑤同群：自己的同志，周围的同道之人。

[译文]

要严格守持自己的内心，以此来抗拒外在的诱惑，必须要让自己的心像一团烈火，遇到那些外在的引诱，就将它们一同烧掉。对待周围的同志要放宽自己的心胸，必须要让自己的心像温暖的春天一样，让所有的人都感到温暖亲切。

[原文]

待己当从无过中求有过，非独进德①，亦且免患；

待人当于有过中求无过，非但存厚②，亦且解怨③。

[注释]

①进德：增进德业，使德行增厚。

②存厚：心存仁厚。

③解怨：化解别人的抱怨或怨恨。

[译文]

对待自己，应当在没有过失时不断寻求存在的缺点和不足，这样的话不单能让自己的德行有所进益，并且能够免除外在的祸患；对待他人时，要在他人的过失中寻求他们优点和长处，这样的话不单能让自己心存仁厚，并且能够化解他人的怨恨。

[原文]

事后而议人得失，吹毛索垢[1]，不肯丝毫放宽；试思己当其局，未必能效彼万一。

旁观而论人短长，抉隐摘微[2]，不留些须[3]余地；试思己受其毁[4]，未必能安意顺承[5]。

[注释]

①吹毛索垢：同“吹毛求疵”，比喻故意挑剔别人的毛病或缺点，寻找差错。

②抉隐摘微：挑拣出那些隐秘的、选摘出那些细微的，这里是指故意挑剔找茬，拿那些细微的不足道的事物东西作为借口去苛责别人。

③些须：一点。

④毁：诋毁，毁谤。

⑤安意顺承：安心顺意地去承受。

[译文]

事后议论别人的过错，吹毛求疵，一点一滴也不放过；如果换成了自己身处其中，未必能做到他人万分之一。在一旁对别人说长道短，不留余地；试想一下如果换成自己遭人诋毁，能否做到安心顺意地承受呢？

[原文]

遇事只一味镇定从容，虽纷若乱丝，终当就绪；

待人无半毫矫伪[1]欺诈，纵狡如山鬼，亦自献诚[2]。

[注释]

①矫伪：作伪，虚假，以曲为直，以假为真。

②献诚：献出或者显示出诚意。

［译文］

遇到事端总要以镇定、从容的态度去面对，即便情况如一团乱丝一样糟糕，最终也会理清脉络，使一切就绪；对待他人不能有丝毫的虚假和欺诈，纵使他人如同山鬼一样狡猾、诡诈，也终将献出诚意。

［原文］

公生明，诚生明，从容生明。

［译文］

公正使人变得明智，诚挚使人变得明智，从容使人变得明智。

［原文］

人好刚①，我以柔胜之；
人用术②，我以诚感之；
人使气③，我以理屈之。

［注释］

①刚：刚硬，好强。
②术：心术，心机。
③气：怒气。

［译文］

别人争胜好强，我则以柔克刚；别人动用心计，我用诚恳感染他；别人动怒气，我则用道理使他折服。

［原文］

柔能制刚，遇赤子①而贲、育②失其勇；
讷③能屈辩，逢喑者④而仪、秦⑤拙于词。

[注释]

①赤子：初生的婴儿，一般是指没有心机、天机自然的人。

②贲、育：贲，是指战国时卫国的勇士孟贲，据说他的力气很大，可以硬生生地将牛角拔掉。育，是指战国时卫国的勇士夏育，他也是大力士，据说他可以力举千钧。

③讷：质朴而不善言辞。

④喑者：哑，哑巴。

⑤仪、秦：仪即张仪，口极善辩，他原本是战国时魏国贵族的后代，后为秦国所用，助秦惠文君称王，游说各国服从秦国，瓦解了齐楚联盟，使秦国夺去了楚国汉中地区。秦即苏秦，著名的辩士，主张合纵攻秦。先奉燕昭王命入齐，进行反间活动，使齐疲于对外战争，后与赵国李兑一起约五国合纵攻秦，迫使秦归还部分侵占的魏、赵之地。

[译文]

柔能克刚，当大力士孟贲、夏育遇到小孩子时，他的勇力也无处可用；木讷能制服雄辩，即便是像苏秦、张仪一样的善辩家，当他遇到哑巴时，也无言以对。

[原文]

困天下之智者，不在智而在愚；
穷天下之辩者，不在辩而在讷；
伏天下之勇者，不在勇而在怯。

[译文]

能够让天底下的智者为之困惑的，不是资质聪颖者而是愚钝的人。能够让天底下的辩者说不出话来的，不是善辩者而是言谈木讷迟钝的人。能够让天底下的勇者为之折服的，不是刚勇者而是怯弱的人。

[原文]

以耐事①了天下之多事，
以无心息天下之争心②。

[注释]

①耐事：能够忍耐、容忍世间之事。

②争心：争夺、争斗之心。

[译文]

要以一颗能够忍耐世间事的宽广之心来处理天底下的繁琐之事，要以一颗无欲求的平常心来平息天底下的争夺之心。

[原文]

何以[1]息谤？曰无辩。

何以止怨？曰不争。

[注释]

①何以："以何"，凭什么，靠什么。

[译文]

靠什么来平息别人的毁谤呢？答案是不加辩解。靠什么来制止别人的怨恨呢？答案是不予争辩。

[原文]

人之谤我也，与其能辩，不如能容[1]；

人之侮我也，与其能防，不如能化[2]。

[注释]

①容：包容，容忍。

②化：化解。

[译文]

别人对我加以毁谤，与其和他辩解，不如能够宽忍他。别人欺侮了我，与其时刻提防着他，不如和他化解误会，尽释前嫌。

［原文］

是非窝里，人用口，我用耳；
热闹场中，人向前，我落后。

［译文］

在是非之地，别人用嘴巴说话（论说他人是非），我只管用耳朵听一听（不参与他人的议论）；在热闹的场合里，别人都争相向前表现，我则主动靠后。

［原文］

观世间极恶事，则一咎一慝（tè）①，尽可优容；
念古来极冤人，则一毁一辱②，何须计较！
彼之理是，我之理非，我让③之；
彼之理非，我之理是，我容④之。

［注释］

①一咎一慝：咎：过错。慝：邪恶。

②一毁一辱：毁：诋毁、毁谤。辱：侮辱、羞辱。

③让：忍让。

④容：宽容，容忍。

［译文］

看到世界上那些最为邪恶的事，那么面对眼前的这一点点过错一点点邪恶，就尽量加以宽容；想一想世界上那些最为冤屈的人，那么面对眼前的一点点毁谤一点点羞辱，又何须和其计较！如果他人的道理是对的，我的道理是错的，那么我将忍让他；如果他人的道理是错的，我的道理是对的，那么我将容忍他。

[原文]

能容小人，是大人；能培[1]薄德，是厚德。

[注释]

①培：积累。

[译文]

能够包容小人的人就是心胸宽大、气度宽广的君子，能够积累细微的德行则能够成就仁厚宽广的德行。

[原文]

我不识何等为君子，但看每事肯吃亏的便是；我不识何等为小人，但看每事好便宜的便是。

[译文]

我不知道什么样的人是君子，只看每件事都肯吃亏的人便是君子；我不知道什么样的人是小人，只看每件事都喜欢占便宜的人便是小人。

[原文]

律身惟廉为宜，处世以退为尚[1]。

[注释]

①尚：崇尚。

[译文]

自律只有廉洁最为适宜，处事以不争先为崇尚。

[原文]

以仁义存心，以勤俭作家，以忍让接物。

[译文]

要将仁义时刻存于心中，要以勤俭节约的作风来持家，要以忍让宽容的态度来待人接物。

[原文]

径[1]路窄处，留一步与人行；
滋味浓底[2]，减三分让人尝。
任难任之事，要有力[3]而无气[4]；
处难处之人，要有知而无言。

[注释]

①径：小路。

②底：通“的”。

③有力：用勇力。

④无气：没有抱怨之气。

[译文]

经过路窄的地方，要留一点地方让别人通过；味道浓香的食物，要留一些让别人品尝。负责处理困难的事要有勇力而没有怨气；和难以相处的人在一起，要做到心中有数而口中不说。

[原文]

穷寇[1]不可追也，遁辞[2]不可攻也，贫民不可威也。

[注释]

①穷寇：处境困顿、势力穷竭的敌人。

②遁辞：理屈词穷，无话可说。

[译文]

对待那些处境困顿、势力穷竭的敌人就不要再穷追不舍，暂且任由他们逃去，对待那些理屈词穷的人就不要再不依不饶地加以攻击，对那些处境贫苦可怜的人民就不要再施以威势。

齐家类

[原文]

勤俭，治家之本[1]。和顺，齐家之本。
谨慎，保家之本。诗书，起家之本。
忠孝，传家之本。

[注释]

①本：根本。

[译文]

勤俭是治家的根本，和顺是齐家的根本，保家的根本是谨慎，起家的根本是诗书，传家的根本是忠孝。

[原文]

天下无不是底父母，世间最难得者兄弟。
以父母之心为心，天下无不友之兄弟；
以祖宗之心为心，天下无不知之族人；
以天地之心为心，天下无不爱之民物。

[译文]

天底下没有不对的父母，人世间最难能可贵的是兄弟。用父母的慈爱之心待人，天底下就没有不友爱相待的兄弟；以祖宗的仁慈之心待人，天底下就没有不知心和睦的族人；以天地的大仁爱物之心待人，天底下就没有不相爱相亲的子民及物类。

[原文]

人君以天地之心为心，人子以父母之心为心，天下无不一之心矣；

臣工以朝廷之事为事，奴仆以家主之事为事，天下无不一之事矣。

[注释]

①一：统一，同一。

[译文]

为人君者以天地的博爱之心为心，为人子者以父母的慈爱之心为心，那样的话天底下所有人的心思就都是一致的了；臣子们以朝廷的事作为自己的事，奴仆以主人家的事作为自己的事，那样的话天底下所有的事情就都能统一了。

[原文]

孝莫辞劳，转眼便为人父母；
善毋望报，回头但①看尔儿孙。
子之孝，不如率②妇以为孝，妇能养③亲者也。
公姑④得一孝妇，胜如得一孝子。
妇之孝，不如导⑤孙以为孝，孙能娱亲者也。
祖父得一孝孙，又增一辈孝子。

[注释]

①但：只。
②率：带领。
③养：奉养，侍养。
④公姑：也就是公婆。
⑤导：引导，教导。

[译文]

孝顺父母要不辞辛劳，转眼间自己也会成为孩子的父母；行善不要期待回报，回头只要想一想自己的儿孙就行了。儿子仅仅做到自己孝敬父母还不行，不如带领自己的妻子一同对父母尽孝，因为媳妇能更好地侍奉父母双亲。公公婆婆得到一个孝顺的儿媳妇，胜过得到一个孝顺的儿子。媳妇做到孝敬双亲还不够，不如教导孙子去孝敬爷爷奶奶，因为孙子能让爷爷奶奶开心，祖父祖母得到一个孝顺的孙子，便是又多了一辈孝子。

［原文］

父母所欲为者，我继述①之；
父母所重念②者，我亲厚之。

［注释］

①继述：继续完成。

②重念：看重，惦念。

［译文］

父母生前所期望做的事，我要继续努力完成；父母所重视和惦念的人，我要亲近并且厚待他。

［原文］

婚而论①财，究②也夫妇之道丧；
葬而求③福，究也父子之恩绝。

［注释］

①论：谈论。

②究：终究。

③求：讲求。

［译文］

如果婚姻的目标就是谈论钱财，那么夫妇的情分终究会丧失；如果举葬是为了讲求福运，那么父子间的恩情终究会断绝。

［原文］

君子有终身之丧，忌日是也；

君子有百世之养[1]，邱墓是也。

[注释]

①养：供养，祭享。

[译文]

君子有让他保持一辈子的追念之情，那就是在父母的祭日所倾注的哀思；君子有让后世百代之人都去供养的地方，那就是死后埋葬的坟墓。

[原文]

兄弟一块肉，妇人是刀锥；
兄弟一釜(fǔ)[1]羹，妇人是盐梅[2]。

[注释]

①釜：锅。

②盐梅：盐和梅子，盐味咸，梅子味酸，这里是指调和成或酸或咸的味道。

[译文]

兄弟之间就像是一块肉，而妇人就像是分开这块肉的快刀和利锥；兄弟之间就像是同一锅里的汤，而妇人就像是让这锅汤变酸抑或是变咸的盐梅。

[原文]

兄弟和，其中自乐；子孙贤，此外何求！

[译文]

兄弟之间彼此和睦亲爱的话，乐趣自在其中；子孙后代贤良淑惠的话，就没有什么别的希求的了。

[原文]

心术不可得罪[1]于天地，

言行要留好样[2]与儿孙。

［注释］

①得罪：这里是违背、触犯的意思。

②好样：好的榜样，楷模。

［译文］

心术不可违背天地的意志，言行举止要给子孙做榜样。

［原文］

现在之福，积[1]自祖宗者，不可不惜；
将来之福，贻[2]于子孙者，不可不培[3]。
现在之福如点灯，随点[4]则随竭；
将来之福如添油，愈添则愈明。

［注释］

①积：积累。

②贻：遗留。

③培：培植。

④随点：随时点燃。

［译文］

现在享有的福泽，是祖宗积累下来的，一定要好好珍惜；将来要享有的福泽，是遗留给子孙的，一定要好好培植。现在的福泽就像是点油灯，能够随时点燃，而灯油也随时可能会干竭；将来的福泽就像是给灯添灯油，越添加灯就会越明亮。

［原文］

问祖宗之泽[1]，吾享者是，当念积累之难；
问子孙之福，吾贻者是，要思倾覆之易。

［注释］

①泽：福泽。

[译文]

要问祖宗的福泽在哪里，我现在享有的就是，应当顾念祖宗积累福泽之艰难；要问子孙的福泽在哪里，我现在遗留下来的就是，应当思量这份福泽将会很容易被颠覆而丧失掉。

[原文]

要知前世因，今生受者是；吾谓昨日以前，尔祖尔父，皆前世也。

要知后世果，今生作者是；吾谓今日以后，尔子尔孙，皆后世也。

[译文]

想要知道前世的因是什么，今生所承受的这些就是；我认为昨天以前的，你的祖父、你的父亲，都是所说的前世。想要知道后世的果是什么，今生所做的这些就是；我认为今天以后的，你的儿子、你的孙子，都是所说的后世。

[原文]

祖宗富贵，自诗书中来，子孙享富贵，则弃诗书矣；

祖宗家业，自勤俭中来，子孙享家业，则忘勤俭矣。

[译文]

祖辈们所积累下来的富贵，都是从诗书中得来的，而子孙后代享受着祖宗遗留下来的福泽，就抛弃了诗书；祖宗所挣下的家业，都是从勤俭中得来的，而子孙后代享受着祖宗遗留下来的家业，就忘记了勤俭。

[原文]

近处不能感动，未有能及远者。
小处不能调理，未有能治①大者。
亲者不能联属②，未有能格疏③者。
一家生理④不能全备，未有能安养百姓者。
一家子弟不率⑤规矩，未有能教诲他人者。

[注释]

①治：治理，整治。

②联属：联，联络，联系。属，附属，周围亲近的人。

③格疏：格，纠正，匡正。疏，这里是指关系比较疏远的人。

④生理：生计。

⑤不率：不遵守，违背。

[译文]

如果连和自己亲近的人都不能受到感动，就无法去感化远处的人。小事情调理不好，就不能去治理大事。亲友不能联属，就不能匡正关系疏远的人。一家的生计不能照料，就不能安养人民。家中的子弟不守规矩，就不能教诲他人。

[原文]

至乐无如①读书，至要②莫如教子。

[注释]

①无如：不如。

②至要：至关紧要，最重要的。

[译文]

最大的快乐没有大过读书的，最重要的事情没有大过教育子女的。

[原文]

子弟有才，制①其爱，毋弛其诲②，故不以骄败。

子弟不肖③，严其诲，毋薄④其爱，故不以怨离⑤。

［注释］

①制：控制，抑制。

②诲：教诲。

③不肖：不孝，不成器。

④薄：淡薄，减少。

⑤怨离：因怨恨而疏离。

［译文］

家里的孩子有才华的，要抑制对他的喜爱，并且不要放松对他的教诲，那样他才不会因为骄傲而导致失败。家里的孩子不成器的，要对他严加教诲，并且不要淡薄了对他的关爱，那样他才不会因为怨恨而导致疏离。

［原文］

雨泽过①润，万物之灾也；
恩宠过礼②，臣妾之灾也；
情爱过义，子孙之灾也。

［注释］

①过：过于，超过。

②礼：礼仪。

［译文］

雨下太多，不仅不能滋润万物，反而会造成灾难；恩宠太多，超出了礼仪，就是臣妾的灾害；情爱多于义理，将会成为子孙的灾难。

［原文］

安详恭敬，是教小儿第一法；
公正严明，是做家长第一法。

［译文］

安详恭敬是教导小孩的第一法则，公正严明是做父母的第一法则。

［原文］

人一心先无主宰①，如何整理得一身正当？
人一身先无规矩，如何调剂②得一家肃穆？
融③得性情上偏私，便是大学问；
消得家庭中嫌隙，便是大经纶④。

［注释］

①主宰：这里是指主见。

②调剂：调节、调和。

③融：消融，去掉。

④经纶：原义是指整理过的蚕丝，这里是指处理、整治大事的才能。

［译文］

人的心中先没有主见的话，怎样能将自身的行为举止也调整得正当？人自身言行没有一定的规矩遵循的话，怎样能将一个家庭调理得严肃庄重？能将自己性情上的好恶消融去，就是大大的学问；能将家庭里的矛盾消解开，就是大大的才能。

从政类

[原文]

眼前百姓即儿孙，莫谓百姓可欺，且留下儿孙地步[1]；
堂上一官称父母，漫道[2]一官好做，还尽些父母恩情。

[注释]

①地步：余地和退路。

②漫道：不要说。

[译文]

做官的人要视百姓为子女，不要认为百姓可欺侮，更要为自己的后代积德；百姓称你为父母官，不要认为官好做，应尽到视民如子的责任。

[原文]

善体[1]黎庶[2]情，此谓民之父母；
广行阴骘(zhi)[3]事，以能保我子孙。

[注释]

①体：体察，体恤。

②黎庶：黎民百姓。

③阴骘：也就是“阴德”，多指暗中做的有助于他人的事。

[译文]

善于体恤黎民百姓的民情，这就可以称得上是百姓的父母；广泛地做善事多积阴德，就可以以此来保佑自己的子孙后代。

[原文]

封赠[1]父祖，易得也，无使人唾骂父祖，难得也；
恩荫[2]子孙，易得也，无使我毒害子孙，难得也。

[注释]

①封赠：封建时代推恩臣下，将官爵授予其父母。父母在世的称为封，已经去世的称为赠。

②恩荫：清代的制度，文职京官四品以上，外官三品以上，武职二品以上，俱准送一子入监读书，称恩荫。此外，因遇庆典而给予入监待遇的，亦属恩荫。也多指封建社会里后世子孙因其祖先的官爵而受到的封赏。

[译文]

自己立下功劳，进而能让自己的父母也得到封赏，这是容易做到的，而不让自己的父母（因自己的罪过）受到别人的唾骂却是很难做到的；让子孙后代因自己的功业也受到封赏，这是容易做到的，而不让自己的子孙（因自己的罪过）受到毒害，却是很难做到的。

[原文]

洁[1]己方能不失己，爱民所重在亲民。

[注释]

①洁：廉洁。

[译文]

自身做到廉洁无私方才能不迷失自己，爱护人民最重要的在于亲近人民。

[原文]

朝廷立法不可不严，有司[1]行法不可不恕[2]。

[注释]

①有司：也就是官吏。古代设官分职，各有专司，故称有司。

②恕：宽恕。

［译文］

朝廷制定法律时，一定要严格，官吏们执行法律时，不可以不宽恕待人。

［原文］

严以驭役①而宽以恤民，
极②于扬善而勇于去③奸，
缓于催科④而勤于抚字⑤。

［注释］

①驭役：驾驭吏役。

②极：积极。

③去：去除。

④催科：催办缴纳赋税。

⑤抚字：对子女的爱护和养育，这里是指爱民。

［译文］

严格地管理吏役而宽恕地体恤民众，积极地张扬善行而勇敢地去除奸邪，和缓地催缴赋税而勤于安抚百姓。

［原文］

催科不扰，催科中抚字；
刑罚不差①，刑罚中教化。

［注释］

①差：差池，偏差。

［译文］

催缴赋税时不要扰民，要在催缴赋税时爱民；实施刑罚时不能出现差池，要在实施刑罚时教化百姓。

［原文］

刑罚当宽处即宽，草木亦上天生命；

财用可省时便省，丝毫皆下民脂膏①。

［注释］

①脂膏：这里是指人民辛勤劳动所得的财富。

［译文］

实施刑罚应当宽大的时候就要宽大，一草一木也都是上天所赋予的生命；钱财费用可以节省的时候就要节省，一丝一毫也都是老百姓的辛苦劳动所得。

［原文］

居家为妇女①们爱怜，朋友必多怒色；
做官为衙门人欢喜，百姓定有怨声。

［注释］

①妇女：这里是指妻子儿女。

［译文］

为顾及妻儿而疏远了朋友，朋友会感到不高兴；做官只求和官场人亲近却疏远了百姓，百姓一定会有埋怨之声。

［原文］

官不必尊显①，期于无负君亲；
道不必博施②，要在有裨③民物。
禄岂须多？防满④则退；
年不待暮，有疾便辞。
天非私⑤富一人，托⑥以众贫者之命；
天非私贵一人，托以众贱者之身。

［注释］

①尊显：尊贵显达。

②博施：广泛地施予。

③裨：裨益，好处。

④防满：正当要求得到满足。

⑤私：偏私。

⑥托：衬托。

［译文］

做官不需要尊贵显达，只求于不负君王和亲人的期待就好；君子之道不必广泛施予，关键在于有益于民生物理。俸禄不须过多，正当的需求得到满足后就应当退居；年龄不必等到老年时，有了疾病就应当辞官。上天并非偏爱一个富人，只是有众多贫穷者的命运衬托罢了；上天也并非偏爱一个贵人，只是有众多卑贱者的身份衬托着罢了。

［原文］

住世[1]一日，要做一日好人；

为官一日，要行一日好事。

［注释］

①住世：活在人世间。

［译文］

活在世上一日要做一日好人，做官一天就要做一天好事。

［原文］

贫贱人栉风沐雨[1]，万苦千辛；自家血汗自家消受，天之鉴察犹恕。

富贵人衣税食租[2]，担爵受禄[3]；万民血汗一人消受，

天之督责更严。

[注释]

①栉风沐雨：风梳发，雨洗头。形容人经常在外面不顾风雨地辛苦奔波。

②衣税食租：吃饭穿衣都依靠收缴上来的税租。

③担爵受禄：担受爵禄。

[译文]

生活贫贱的人整天不辞辛苦地劳碌奔波，吃尽千辛万苦，但是自己用血汗挣来的财富自己享受，上天看到这些也会觉得可恕。富贵之人吃饭穿衣花费的都是上缴来的税租，并且担任官爵享受着俸禄，万民的血汗都是供他一人享受，上天对他的监督责罚将更为严格。

[原文]

平日诚以治民，而民信之，则凡有事于民，无不应[1]矣；

平日诚以事[2]天，而天信之，则凡有祷于天，无不应矣。

[注释]

①应：回应。

②事：侍奉。

[译文]

平时以坦诚的态度来治理百姓，百姓就会对其予以信任，那么，但凡有事需要民众配合出力，百姓就一定会回应他。平时以坦诚的态度来侍奉上天，上天就会对其予以信任，那么，但凡有向上天祈求的祷告，上天就一定会予以回应。

[原文]

平民肯种德施惠，便是无位[1]底卿相；

士夫徒贪权希宠，竟成有爵底乞儿。

[注释]

①无位：没有官位。

[译文]

普通的百姓愿意积修德行、布施恩惠的，就是没有官位的卿相；做官的士大夫只贪图权势和宠爱的，最终成为有官爵的乞丐。

[原文]

无功而食，雀鼠是已[1]；
肆害[2]而食，虎狼是已。

[注释]

①是已：是也。

②肆害：肆无忌惮地残害。

[译文]

无功于民而食俸禄就像老鼠、麻雀一样；残害百姓而食俸禄，则是凶猛的虎狼。

[原文]

毋矜[1]清而傲浊，毋慎大而忽小，毋勤始而怠终。

[注释]

①矜：自矜。

[译文]

不要孤芳自赏、自持清高，不可只对大事谨慎而忽略了小事，办事要做到有始有终。

[原文]

勤能补拙，俭以养廉。

［译文］

勤劳能够弥补拙笨，俭朴可以培养廉洁。

［原文］

居官廉，人以为百姓受福，予以为锡[1]福于子孙者不浅也，曾见有约己裕民者，后代不昌大耶？

居官浊，人以为百姓受害，予以为贻害于子孙者不浅也，曾见有瘠众肥家者，历世得久长耶？

［注释］

①锡：通“赐”。

［译文］

做官的人清廉，别人都觉得是百姓有福，但我认为他的子孙受福最多，可曾见过对待自己俭约而厚待百姓的官，他的后代有不昌盛的吗？做官不清廉的人，别人认为百姓受害，但我认为他的子孙受害更多，可曾见过压榨百姓而厚待自家的人，他的后代有能长久的吗？

［原文］

以林皋(gāo)[1]安乐懒散心做官，未有不荒怠者；

以在家治生营产心做官，未有不贪鄙者。

［注释］

①林皋：山林高岗之地。

［译文］

以隐居于山林高岗间的安乐、闲散、懒惰心理来做官，没有不荒废、怠慢了政事的；以在自己家经营生产的心理的做官，没有不贪婪、鄙陋的。

［原文］

念念[1]用之君民，则为吉士[2]；

念念用之套数[3]，则为俗吏；

念念用之身家，则为贼臣。

［注释］

①念念：念念不忘。

②吉士：德行美好的士人。

③套数：表面上的套路。

［译文］

念念不忘君王、子民的，就是德行美好的士人；念念不忘用表面上的套路来装点门面的人，就是世俗的官吏；念念不忘追求自身权利得失的，那就是贼害国家人民的官吏了。

［原文］

古之从仕者养人，今之从仕者养己。

古之居官也，在下民①身上做工夫；

今之居官也，在上官②眼底做工夫。

［注释］

①下民：下层的人民，百姓。

②上官：上级官员，上司。

［译文］

古代做官的人供养百姓，现在做官的人则供养自己。古代做官的人在百姓身上下功夫，现在做官的人则在上司面前做功夫。

惠吉类

[原文]

圣人敛①福，君子考②祥。
作德日休，为善最乐。

[注释]

①敛：收敛、约束。

②考：考虑、思量、考求。

[译文]

圣人和君子都是收敛自己的福禄，而成全别人的祥瑞。修养德行要每日坚持、不能间断，做善事的人最快乐。

[原文]

开卷有益，作善降祥。

[译文]

打开书本阅读就会得到益处，做善事的人上天会降给他吉祥。

[原文]

崇德效山，藏器①学海。
群居守口②，独坐防心。

[注释]

①藏器：储藏自己的才能。器，引申为才能的意思。

②守口：就是说话谨慎的意思。

[译文]

推崇德行时要仿效高山一样坚定、

稳重，贮藏才能时要像大海一样宽广。与人在一起时要谨慎说话，自己独处时要防止胡思乱想。

[原文]

知足常乐，能忍自安。

[译文]

知道满足即能常常快乐，能忍一时之气便能保长久平安。

[原文]

穷达有命，吉凶由人。

[译文]

穷困还是发达是由天命决定的，吉祥还是祸凶则是由人自己决定的。

[原文]

以镜自照见形容，以心自照见吉凶。

[译文]

自己照镜子可以看到五官长相，用心作镜子可以知道吉凶祸福。

[原文]

善为至宝，一生用之不尽；
心作良田，百世耕之有余。
世事让三分，天空地阔；
心田培一点，子种孙收。

[译文]

善心是最宝贵的，一生用不完；善心作良田，后代子孙绵延耕种不完。凡事能退让一点，天地宽广；心中培养善念，子孙世代相传。

[原文]

要好儿孙，须方寸[1]中放宽一步；
欲成家业，宜凡事上吃亏三分。

[注释]

①方寸：方寸心，也就是心，心处于胸中方寸间，故有此称。

[译文]

要想让儿孙享有福泽，必须让自己的心底更加宽厚；想要成就自己的家业，应当什么事情都情愿吃亏三分。

[原文]

留福与儿孙，未必尽黄金白镪（qiǎng）[1]；
种心为产业，由来皆美宅良田。

[注释]

①镪：成串的钱。

[译文]

留给子孙不必都是黄金白银，以善心为产业永远都会有美宅良田。

[原文]

存一点天理心，不必责效于后，子孙赖之；
说几句阴骘（zhì）话，纵未尽施于人，鬼神鉴之。

[译文]

心中存一份天理良心，不必要求马上出现成效，后世子孙自然会因此而受益；口中要常说可以积阴德的公道话，纵使没有完全施惠于别人，鬼神自然会有明鉴。

[原文]

非读书，不能入圣贤之域；

非积德，不能生聪慧之儿。

［译文］

不读书就无法进入圣贤们的领域，不积德就不能生出聪明灵慧的孩子。

［原文］

多积阴德，诸福自至，是取决于天；
尽力农事，加倍收成，是取决于地；
善教子孙，后嗣(sì)昌大，是取决于人。
事事培元气，其人必寿；念念存本心，其后必昌。

［译文］

多积阴德，各种福泽自然就会到来，这是取决于上天的；对农事竭尽全力，收成自然会成倍增加，这是取决于土地的；善于教导子孙，后代自然会昌盛强大，这是取决于人自己的。无论做什么事情都培养元气，这样的人自然会长寿；念念不忘纯善之本心，这样的人的后代一定会昌盛。

［原文］

勿谓一念可欺也，须知有天地鬼神之鉴察；
勿谓一言可轻①也，须知有前后左右之窃听；
勿谓一事可忽②也，须知有身家性命之关系；
勿谓一时可逞也，须知有子孙祸福之报应。

［注释］

①轻：轻率、随便。
②忽：忽视、疏忽。

［译文］

不要有欺人的念头，要知道天地能明察一切；不要随便说话，要知道有人会偷听；不要疏忽小事，因其可能关系一家人的性命；不要逞一时之快，须知子孙会有报应。

[原文]

人心一念之邪，而鬼在其中焉；因而欺侮之、播弄[1]之，昼见于形像，夜见于梦魂，必酿其祸而后已[2]。故邪心即是鬼，鬼与鬼相应，又何怪乎！

人心一念之正，而神在其中焉。因而鉴察之、呵护之，上至于父母，下至于儿孙，必致其福而后已。故正心即是神，神与神相亲，又何疑[3]乎！

[注释]

①播弄：操纵、玩弄。

②已：停止。

③疑：疑惑。

[译文]

人的心中生出一丝邪念的话，鬼怪就在心中产生了。于是鬼怪就会欺侮你、玩弄你，白天让你对周围的事物疑神疑鬼，夜晚也会到梦境中骚扰你，必定要让你酿成了祸患才会停止。因此说邪心就是鬼怪，鬼怪和鬼怪彼此呼应，又有什么好奇怪的呀！

人的心中生出一丝正直的念头的话，神灵就在心中产生了。于是神灵就会鉴察你、呵护你，上至你的父母，下至你的儿孙，都会受到这种恩泽，必定要赐给你福泽才会停止。因此说正直的念头就是神灵，神灵和神灵彼此亲近，这又有什么好疑惑的呀！

[原文]

终日说善言，不如做了一件；终身行善事，须防错了一件。物力艰难，要知吃饭穿衣，谈何容易！

光阴迅速，即使读书行善，能有几多？

［译文］

终日说行善的话，不如自己去做一件行善的事；终身都在做善事，还须提防做错一件事。物力和人力都很艰难，要知道吃饭穿衣是怎样的不容易！时光流逝得很快，即便是全用来读书行善，又能有多少呢？

［原文］

只字①必惜，贵之根也；粒米必珍，富之源也。
片言必谨，福之基也；微命必护，寿之本也。

［注释］

①字：这里是指用来写字的纸张。

［译文］

每一张纸都要珍视，这是显贵的根本；每一粒米都要珍惜，这是富裕的根源。每说一句话都要谨慎，这是祈福的根基；每一个细微的生命都要加以爱护，这是长寿的根本。

［原文］

作践五谷，非有奇祸，必有奇穷；
爱惜只字，不但显荣，亦当延寿。

［译文］

浪费粮食的话，即使没有特殊的灾祸，也会有极端地贫穷；爱惜纸张的话，不但能荣华富贵，而且能益寿延年。

［原文］

茹①素，非圣人教也；好②生，则上天意也。

［注释］

①茹：食、吃。
②好：爱惜。

［译文］

吃素并不是圣人教导的，珍惜生命却是上天的意旨。

［原文］

仁厚刻薄，是修短关；
谦抑盈满，是祸福关；
勤俭奢惰，是贫富关；
保养纵欲，是人鬼关。

［译文］

仁厚还是刻薄，是决定生命长短的关键；谦虚抑制还是骄傲自满，是决定人生福祸的关键；勤劳节俭还是奢侈懒惰，是决定人生贫富的关键；保养身心还是放纵欲望，是决定人生死的关键。

［原文］

造物所忌①，曰刻曰巧；
万类相感，以诚以忠。
做人无成心，便带福气；
做事有结果，亦是寿征②。

［注释］

①忌：忌讳。
②征：征兆。

［译文］

造物主所忌讳的，是刻薄和机巧；万物彼此相感应的，是诚实和忠信。做人没有成见，就会带来福气；做事情有始有终，也就是长寿的征兆。

［原文］

执拗者福轻，而圆通之人，其福必厚；

急躁者寿夭，而宽宏之士，其寿必长。

［译文］

那些执拗固执的人福分轻薄，而那些圆融通达的人福分一定很厚重；那些心性急躁、偏狭的人寿命会很短暂，而那些心胸宽广的人寿命一定会很长。

［原文］

谦卦①六爻②皆吉，“恕”字终身可行。

［注释］

①谦卦：六十四卦之一。

②爻：组成八卦的长短横道，卦的变化取决于爻的变化。

［译文］

谦卦的六爻都是吉祥的，“恕”字是可以施行终身的。

［原文］

作本色人，说根心话，干近情事。

［译文］

做人要本色，说话要真心，办事要符合情理。

［原文］

一点慈爱，不但是积德种子，亦是积福根苗。试看那有不慈爱底圣贤？

一念容忍，不但是无量德器，亦是无量福田。试看那有不容忍底君子？

［译文］

一点慈爱之心，不仅仅是用来积德的种子，也是用来积福的根苗。看一看天下哪里有不慈爱的圣贤呢？一丝容忍之心，不仅仅是无量的德器，也是无量的福田。看一看天下哪里有不宽容的君子呢？

[原文]

好恶之念，萌于夜气[1]，息之于静也；

恻隐之心，发于乍见，感之于动[2]也。

[注释]

①夜气：深夜。

②动：行动、举动。

[译文]

善恶的念头，都是萌生于深夜时分，平息于静谧之处；恻隐怜悯之心，都是生发于刚看到的那一霎，感发于行动之时。

[原文]

塑像栖神，盍(hé)[1]归奉亲？

造院居僧，盍往救贫？

[注释]

①盍：何不、为何。

[译文]

与其塑造神像让神灵栖息，为何不回家奉养双亲呢？与其建造寺院让僧人居住，为何不前去救济那些贫苦之人呢？

悖凶类

[原文]

富贵家不肯从宽，必遭横祸；
聪明人不肯学厚，必夭天年。

[译文]

富贵人家不肯宽厚待人，必将遭遇意外的祸害；聪明人不肯学习厚道，必使寿命减短。

[原文]

倚势欺人，势尽而为人欺；
恃财侮人，财散而受人侮。

[译文]

仗势欺人的人，势力丧失了以后就会被人欺负；凭借钱财羞辱别人的人，钱财散尽以后就会受到别人的羞辱。

[原文]

暗里算人者，算的是自家儿孙；
空中造谤者，造的是本身罪孽。

[译文]

暗地里算计别人，算计的将是自己的子孙；无中生有地毁谤别人，是为自己造孽。

[原文]

饱肥甘[1]，衣轻[2]，不知节[3]者损福；

广积聚，骄福贵，不知止者杀身。

[注释]

①肥甘：肥美甘甜的食物。

②轻：轻便又暖和的衣服。

③节：节制。

[译文]

吃着肥美甘甜的食物，穿着轻便又暖和的衣服，却不知道节制的人会折损福分；广泛积聚了财富，以富贵相骄奢，而不知道止息的人会招致杀身之祸。

[原文]

文艺自多，浮薄之心也；
富贵自雄，卑陋之见也。

[译文]

以文才而自命不凡，这是浅薄的想法；以富贵而自我称雄，这是卑下浅陋的见识。

[原文]

位尊身危，财多命殆。

[译文]

居高位的人，处境危难；财产富足的人，生命危险。

[原文]

机者祸福所由伏，人生于机，即死于机也；
巧者鬼神所最忌，人有大巧，必有大拙也。

［译文］

被称之为“机”的，是祸福所潜伏的地方，因“机”而生的人，也会因“机”而死。被称之为“巧”的，是鬼神最为忌讳的，人如果有大巧，必定也会有大拙。

［原文］

出薄①言，做薄事，存薄心，种种皆薄，未免灾及其身；

设阴谋，积阴私，伤阴骘，事事皆阴，自然殃流后代。

［注释］

①薄：寡薄、刻薄。

［译文］

说话刻薄，做事刻薄，心地刻薄，如此种种全都刻薄的话，灾祸难免会因此而降临于己身；设计阴谋，积累阴私，伤损阴德，做事全都这般阴险的话，自然会让后代也跟着遭殃。

［原文］

积德于人所不知，是谓阴德；阴德之报，较阳德倍多。

造恶于人所不知，是谓阴恶；阴恶之报，较阳恶加惨。

［译文］

在别人都不知道的时候积德，就是所谓的阴德；阴德所得到的回报，比起阳德来说要多一倍。在别人都不知道的时候作恶，就是所谓的阴恶；阴恶所得到的报应，比起阳恶来说要更加悲惨。

［原文］

家运有盛衰，久暂虽殊，消长循环如昼夜；

人谋分巧拙，智愚各别，鬼神彰瘅(dàn)①最严明。

[注释]

①彰瘅：表彰善行，惩治邪恶。

[译文]

家运有盛有衰，虽然时间长短不同，但是盛衰循环更替就如同昼夜交互一般；人的智谋有巧有拙，虽然聪明、愚钝不一样，但是鬼神彰善惩恶最是分明。

[原文]

天堂无路则已，有君子登；
地狱无门则已，有小人入。

[译文]

天堂没有路就算了，有的话君子应当沿路而上；地狱没有门就算了，有的话小人就应当进去。

[原文]

为恶畏人知，恶中冀有转念；
为善欲人知，喜处即是恶根。

[译文]

做坏事害怕别人知道，这样的人在邪念中有转为善念的希望；做善事想要被别人知道，这样的人在善心中潜藏着罪恶的根源。

[原文]

谓鬼神之无知，不应祈福；
谓鬼神之有知，不当为非。

[译文]

如果说鬼神无知，就不应当去祈求福泽；如果说鬼神有知，就不应当为非作歹。

[原文]

势可为恶而不为，即是善；
力可行善而不行，即是恶。

[译文]

在有可能作恶的情势下却没有作恶，这就是善；有可以行善的能力却不去做善事，这就是恶。

[原文]

于福作罪，其罪非轻！
于苦作福，其福最大！

[译文]

在幸福的时候犯了罪，这种罪一定不轻！在困苦的时候却造福于别人，这种福泽一定是最大！

[原文]

行善如春园之草，不见其长，日有所增；
行恶如磨刀之砖，不见其消，日有所损。

[译文]

做善事就像春天园子中的草，没有看到它的生长，它却一天天地在长大；作恶就像是用来磨刀的石，没有看到它的消损，它却一天天地在减损。

[原文]

使为善而父母怒之，兄弟怨之，子孙羞之，宗族乡党贱恶之，如此而不为善，可也。

为善则父母爱之，兄弟悦之，子孙荣之，宗教乡党敬信之，何苦而不为善！

使为恶而父母爱之，兄弟悦之，子孙荣之，宗族乡党敬信之，如此而为恶，可也。

为恶则父母怒之，兄弟怨之，子孙羞之，宗族乡党贱恶之，何苦而必为恶！

［译文］

如果要做善事，而这善事却让父母恼怒、兄弟埋怨、子孙为之羞愧、族人和乡邻都厌恶鄙薄的话，那么不去做也是可以的。如果要做善事，而这善事让父母喜欢、兄弟高兴、子孙为之荣耀、族人乡邻都尊敬信服的话，那么何苦不做呢！

如果要做恶事，而这恶事却让父母喜欢、兄弟高兴、子孙为之荣耀、族人乡邻都尊敬信服的话，那么做了也是可以的。如果要做恶事，而这恶事让父母恼怒、兄弟埋怨、子孙为之羞愧、族人和乡邻都厌恶鄙薄的话，那么何苦要去做呢！

［原文］

为善之人，非独其宗族亲戚爱之，朋友乡党敬之，虽鬼神亦阴相之；

为恶之人，非独其宗族亲戚叛之，朋友乡党怨之，虽鬼神亦阴殛之。

［译文］

行善的人，不单他的族人亲戚爱戴他，朋友乡邻尊敬他，即便是鬼神也在暗地里帮助他；作恶的人，不单他的族人亲戚背叛他，朋友乡邻怨恨他，即便是鬼神也在暗地里惩治他。

［原文］

为一善而此心快惬，不必自言，而乡党称誉之，君子敬礼之，鬼神福祚之，身后传诵之。

为一恶而此心愧怍，虽欲掩护，而乡党传笑之，王法刑辱之，鬼神灾祸之，身后指说之。

［译文］

做一件善事心情也会愉快、惬意，不必自己宣扬，自然会有乡邻称赞和誉美他，君子敬重和礼遇他，鬼神赐福于他，他死了以后后人也会将他的事迹传诵下去。做一件恶事内心也会感到愧疚、羞耻，即便是想要掩盖住，也会被乡邻传播开去予以讥笑，王法施刑惩罚他，鬼神带给他灾祸，他死了以后后人也会对他的劣迹指指点点。

［原文］

一命之士，苟存心于爱物，于人必有所济；
无用之人，苟存心于利己，于人必有所害。

［译文］

做官的人，如果心中存有爱物之念，对他人必定会有所帮助；无用的人，如果心中存有利己的念头，对他人必定会有所危害。

［原文］

膏粱积于家，而剥削人之糠核[1]，终必自亡其膏粱；文绣[2]充于室，而攘[3]取人之敝裘，终必自丧其文绣。

［注释］

①糠核：糟糠，粗糙的植物。
②文绣：刺绣华美的丝织品或衣服，即锦绣衣服。
③攘：夺取，侵占。

[译文]

家中堆积满了膏粱，却去剥削他人的糟糠，终究自己会丧失掉自己的膏粱；室中充满了锦绣华服，却去夺取他人破旧的衣服，终究自己会丧失掉自己的锦绣华服。

[原文]

天下无穷大好事，皆由于轻利之一念；利一轻，则事事悉属天理，为圣为贤从此进基。

天下无穷不肖事，皆由于重利之一念；利一重，则念念皆违人心，为盗为跖[1]从此直入。

[注释]

①为盗为跖：“盗跖”用来指强盗。

[译文]

天底下那些最大的大好事，都是由于脑海中轻利重义的那一念。一旦轻利，凡事都会处理得尽和天理，而成为圣贤，就是以轻利作为基础的。天底下无穷无尽的坏事，都是由于脑海中重利忘义的那一念。一旦重利，所有的念头都违背人心，而成为强盗，就是从重利而直接开始的。

[原文]

清欲人知，人情之常。今吾见有贪欲人知者矣，朵其颐[1]，垂其涎[2]，惟恐人误视为灵龟而不饱其欲也。

善不自伐[2]，盛德之事。今吾见有自伐其恶者矣，张其牙，露其爪，惟恐人不识为猛虎而不畏其威也。

[注释]

①朵其颐：指鼓动腮颊以咀嚼东西。朵，鼓动。颐，腮颊。

②垂其涎：流口水。

③伐：夸耀。

[译文]

清廉而想要别人知道，这是人之常情。现在我却看到那些心存贪欲也想让别人知道的人，他们鼓动着腮颊，流着口水，唯恐别人将他们误认作灵龟而不去满足他们的贪欲。为善而不自我夸耀，这是品德高尚者的所为。现在我却看到有自我夸耀自己罪恶的人，他们张着牙，露出利爪，唯恐别人不将他们看作猛虎而不惧怕他们的淫威。

[原文]

以奢为有福，以杀为有禄，以淫为有缘，以诈为有谋，以贪为有为，以吝为有守，以争为有气，以嗔为有威，以赌为有技，以讼为有才。

[译文]

有这么一些人，他们将奢侈看成是有福，将杀戮看成是有俸禄，将淫欲看成是有缘分，将奸诈看成是有智谋，将贪婪看成是有作为，将吝啬看成是有持守，将争斗看成有勇气，将嗔怒看成是有威仪，将赌博看成是拥有技艺，将讼状看成是有才能。

[原文]

谋馆①如鼠，得馆如虎，鄙主人而薄弟子者，塾师之无耻也。

卖药如仙，用药如颠，贼天命而诿天数者，医师之耻也。

[注释]

①谋馆：谋求私塾教师的职位。馆，古代的私塾。

[译文]

谋求塾师职位时胆小如鼠，得到这个职位以后就放肆如虎，鄙视主人并且对学生刻薄，这些人是塾师中的无耻之辈。卖药的时候像神仙一样吹嘘药如何灵验，用药的时候却像癫狂的人一样胡乱妄为，残害了上天赋予人的生命却又将过错推诿到天数上，这是医师中的无耻之辈。

图书在版编目(CIP)数据

图解三字经·百家姓·千字文 / 王应麟,周兴嗣等著. 崇贤书院释译. —合肥:黄山书社,2015.11

(经典传家系列丛书)

ISBN 978-7-5461-5347-6

Ⅰ.①图… Ⅱ.①王… ②周… ③崇… Ⅲ.①古汉语-启蒙读物
Ⅳ.①H194.1

中国版本图书馆 CIP 数据核字(2015)第 286520 号

总 策 划　李　克
选题策划　汤吟菲　白剑峰
编辑统筹　刘　春
责任编辑　程　景
装帧设计　未　氓
责任印制　戚　帅
出版发行　时代出版传媒股份有限公司(http://www.press-mart.com)
　　　　　黄山书社(http://www.hspress.cn)
地址邮编　合肥市政务文化新区翡翠路 1118 号出版传媒广场 7 层　230071
印　　刷　安徽联众印刷有限公司
版　　次　2016 年 3 月第 1 版
印　　次　2019 年 6 月第 4 次印刷
开　　本　700mm×1000mm　1/16
字　　数　280 千
印　　张　18
书　　号　ISBN 978-7-5461-5347-6
定　　价　22.80 元

服务热线　0551-63533706

销售热线　0551-63533761

官方直营书店(http://hsssbook.taobao.com)